Benjamin Betschart

Berichtende Formen

Wie Bildungswelten erzeugt werden

Schwabe Verlag

Die Druckvorstufe dieser Publikation wurde vom Schweizerischen Nationalfonds zur Förderung der wissenschaftlichen Forschung unterstützt.

Bibliografische Information der Deutschen Nationalbibliothek
Die Deutsche Nationalbibliothek verzeichnet diese Publikation in der Deutschen Nationalbibliografie; detaillierte bibliografische Daten sind im Internet über http://dnb.dnb.de abrufbar.

Korrektorat: Thomas Lüttenberg, München
Cover: icona basel gmbh, Basel
Satz: Daniela Weiland, textformart, Göttingen
Druck: CPI books GmbH, Leck
Printed in Germany
Herstellerinformation: Schwabe Verlag, Schwabe Verlagsgruppe AG,
Grellingerstrasse 21, CH-4052 Basel, info@schwabeverlag.ch
Verantwortliche Person gem. Art. 16 GPSR: Schwabe Verlag GmbH,
Marienstraße 28, D-10117 Berlin, info@schwabeverlag.de
ISBN Printausgabe 978-3-7965-5288-5
ISBN eBook (PDF) 978-3-7965-5289-2
DOI 10.24894/978-3-7965-5289-2
Das eBook ist seitenidentisch mit der gedruckten Ausgabe und erlaubt Volltextsuche.
Zudem sind Inhaltsverzeichnis und Überschriften verlinkt.

rights@schwabe.ch
www.schwabe.ch

Inhalt

1. Einleitung ... 7
1.1 Erkenntnisinteresse und Problemstellung ... 7
1.2 Forschungsstand und Perspektiven auf die gegenwärtige Bildungsberichterstattung ... 12
1.3 Ordnungen des Wissens als Gegenstand berichtender Formen ... 15
1.4 Untersuchungsdesign und Verfahren ... 23

2. Statistisches Jahrbuch BFS ... 27
2.1 Einführender Teil: Kontext ... 27
2.2 Ordnung Statistisches Jahrbuch BFS ... 40
2.3 Reflexion Funktion Statistisches Jahrbuch BFS ... 47
2.4 Bilanzierung der Ordnung Statistisches Jahrbuch BFS ... 56

3. Bildungsbericht SKBF ... 61
3.1 Einführender Teil: Kontext ... 61
3.2 Ordnung Bildungsbericht SKBF ... 67
3.3 Reflexion Funktion Bildungsbericht SKBF ... 77
3.4 Bilanzierung der Ordnung Bildungsbericht SKBF ... 95

4. Bildungsbeilage NZZ ... 99
4.1 Einführender Teil: Kontext ... 99
4.2 Ordnung Bildungsbeilage NZZ ... 108
4.3 Reflexion Funktion Bildungsbeilage NZZ ... 119
4.4 Bilanzierung der Ordnung Bildungsbeilage NZZ ... 128

5. Zusammenfassung und Auswertung der Untersuchung 131
5.1 Vergleich der Berichterstattungsbeispiele 132
5.2 Problematisierung aus erziehungswissenschaftlicher Perspektive 138

Literatur 153

1. Einleitung

1.1 Erkenntnisinteresse und Problemstellung

Moderne Formen von Öffentlichkeit zeichnen sich durch eine Berichterstattung unterschiedlicher Instanzen wie bspw. Regierungen, Parteien, Verwaltungen, Mediengruppen, aber auch Forschungseinrichtungen zu gesellschaftlich relevanten Themen aus und versuchen u. a. auf die politische Meinungsbildung Einfluss zu nehmen, indem sie Informationen bzw. Wissen zu unterschiedlichen Sachverhalten ordnen und beurteilen. Allgemein gesprochen leistet die Berichterstattung dieser Instanzen «eine laufende Reaktualisierung der Selbstbeschreibung der Gesellschaft und ihrer kognitiven Welthorizonte» (Luhmann, 1995/2009: 125), wobei unter Selbstbeschreibungen Texte verstanden werden, mit denen das Gesellschaftssystem «sich selbst bezeichnet» (Luhmann, 1998: 880). Oder in anderen Worten: Gesellschaften geben sich anhand von Selbstbeschreibungen mittels berichtenden Formen – in der vorliegenden Studie mit Bezug auf Bildung – Ordnungen.

Nach Niklas Luhmann ist der *Programmbereich* (vgl. Luhmann, 1995/2009: 37; griech. *prógramma*, öffentliche Bekanntmachung) Berichterstattung deutlich als «Erarbeitung/Verarbeitung von Informationen» (ebd.: 39) und die allgemeine Funktion von Berichten «in ihrem Beitrag zur kulturellen Institutionalisierung des Handelns»[1] erkennbar (ebd.: 47). Bei berichteten Informationen «wird vorausgesetzt und geglaubt, dass sie zutreffen, dass sie wahr sind» (Luhmann, 1995/2009: 40), wobei das Problem – im Gegensatz etwa zu streng wissenschaftlichen Texten – «nicht in der Wahrheit liegt [...], sondern in der unvermeidlichen, aber auch gewollten und geregelten Selektivität» (ebd.: 41). Dass es solchen Berichten weniger um Wahrheit und stärker um Information

1 Unter *Institutionalisierung* wird hier die Typisierung von Wissen verstanden, die jeweilig konkretes Handeln orientiert bzw. orientieren soll (vgl. auch Berger/Luckmann 1966/2016: 58 ff.).

geht, «erkennt man daran, dass Unwahrheit nicht als Reflexionswert benutzt wird» (ebd.: 52); «anders als in der Wissenschaft wird die Information nicht derart durchreflektiert, dass auf wahre Weise festgestellt werden muss, dass Unwahrheit ausgeschlossen werden kann, bevor Wahrheit behauptet wird» (ebd.: 52 f.; vgl. auch Pankau, 1992: 1487 f.).[2]

Wie die obige Aufzählung bereits zu erkennen gibt, lässt sich in funktional differenzierten Gesellschaften (vgl. Luhmann, 1998: 743 ff.) Öffentlichkeit «innerhalb (oder am Rand) jedes funktionalen Teilsystems wie Rechts-, Wirtschafts-, Religions-, Wissenschafts- oder Erziehungssystem einordnen. [...] Aus dieser Perspektive ergibt sich eine Vielzahl von Öffentlichkeit*en* in einer Gesellschaft» (Kojima, 2015: 80; Hervorhebung im Original). Öffentlichkeit «ermöglicht die Integration der stark differenzierten Gesellschaft» (ebd.: 79 f.). Ein Problem der Selbstbeschreibungen der öffentlichen Berichterstattung ist, dass sie sich «ihrerseits der Beobachtung und Beschreibung» aussetzen, was zu einer «ständigen Neubeschreibung bereits vorliegender Beschreibungen und damit zur laufenden Erzeugung inkongruenter Perspektiven» führt (Luhmann, 1998: 876). Die Wissenschaft, so auch eine Erziehungswissenschaft, kann zu diesem Problem etwas beitragen, indem geklärt wird, wie «Selbstbeschreibungen funktionieren. Daß sie vorkommen, daß sie also möglich sind, steht fest» (ebd.: 879).

Auch eine Berichterstattung, welche Begriffe verwendet, die den Sachverhalt der Pädagogik bestimmen, lässt sich historisch wie systematisch bis heute identifizieren. In der Gegenwart wird insbesondere über *Bildung* von Ökonominnen und Ökonomen, Wirtschaftspolitikerinnen und -politikern, Soziologinnen und Soziologen, Psychologinnen und Psychologen, Journalistinnen und Journalisten u. a. m. rege berichtet: Bildung ist «nicht nur bei Beobachtern in der Philosophie, sondern historisch und gesellschaftlich, lebensweltlich und institutionell zu einem gewichtigen Thema geworden» und stellt «selbst eine Wirklichkeit mit eigener Geltung» dar (Tenorth, 2020: 30).[3] Es lässt sich also eine spezifisch öffentliche Form- und Gestaltgebung mit, in

2 Hier wird deutlich, dass Luhmann einen streng szientifischen Begriff von *Wissen* verwendet und deshalb von *Information* spricht. Zudem wird hier eine Differenz zu einer Berichterstattung im Wissenschaftssystem eröffnet.

3 Notwendig ist diese Annahme, weil Bildung «(neben ihrem philosophischen und theoretischen Anspruch) eindeutig einen sozialen, gesellschaftlich-kulturellen sowie historischen und insofern veränderlichen Status» hat (Tenorth, 2020: 30).

und durch berichtende Formen *mit Bezug auf Bildung* konstatieren, wovon eine dieser berichtenden Formen wortwörtlich auch *Bildungsbericht* genannt wird. Darüber hinaus existieren aber auch solche berichtenden Formen mit Bezug auf Bildung, welche nicht explizit mit dem Begriff *Bildungsbericht* benannt werden.[4]

Die vorliegende Untersuchung beschäftigt sich mit dem Phänomen[5] des Berichtens in der Öffentlichkeit in der Schweiz und beschreibt in diesem Kontext ausgewählte berichtende Formen mit Bezug auf Bildung und unterzieht sie einem Vergleich. Untersucht werden das *Statistische Jahrbuch des Bundesamtes für Statistik (BFS)*, der *Bildungsbericht der Schweizerischen Koordinationsstelle für Bildungsforschung (SKBF)* sowie die *Bildungsbeilage der Neuen Zürcher Zeitung (NZZ)*. All diesen berichtenden Formen kann im Gesellschaftssystem exemplarisch eine hohe Relevanz bezogen auf die Repräsentation von Öffentlichkeit zugestanden werden.[6] Diskurse über Bildung finden u. a. auf Grundlage solcher Berichte statt. Solchen berichtenden Formen kann also gesellschaftlich gesehen eine formprägende Kraft bezogen auf das Denken über Bildung zugestanden werden: Berichten ist ein Ordnung generierendes Vorgehen. Berichte mit Bezug auf Bildung sind eine Form der Beschreibung von Bildung, die gesellschaftlich eine bestimmte Funktion haben (sollen). Ein Vergleich zwischen exemplarischen berichtenden Formen dient einer Klärung

---

4 Es gibt bspw. einen Bildungsbericht der Schweizerischen Koordinationsstelle für Bildungsforschung, einen Kinder- und Jugendbericht des Kindernetzwerks Schweiz, Bildungsbeilagen in Zeitungen, ein Kapitel Bildung im Statistischen Jahrbuch der Schweiz, einen Berufsbildungsbericht, Berichte der Eidgenössischen Kommission für Kinder- und Jugendfragen, Bildungskommissionsberichte des National- und Ständerates usw.

5 Unter *Phänomen* wird hier ganz allgemein «das was sich selbst, und zwar so wie es ist, zeigt, was klar vor uns liegt» verstanden (Bochenski, 1954/1975: 31). Zu weiteren Auslegungsmöglichkeiten vgl. ebd.

6 Von Repräsentation ist in einem «‹kontrahierenden›, reduktiven Sinne die Rede» (Luhmann, 1995/2009: 128). Öffentlichkeit wird in der «Form von Realitätskonstruktionen, an denen alle Teilsysteme, ja alle Menschen teilhaben können, ohne daß daraus eine Verpflichtung erwüchse, in bestimmter Weise damit umzugehen», repräsentiert (ebd.). Die öffentliche Berichterstattung garantiert somit im «laufenden Geschehen Transparenz und Intransparenz zugleich, nämlich bestimmtes thematisches Wissen in der Form von jeweils konkretisierten Objekten und Ungewißheit in der Frage, wer wie darauf reagiert» (ebd.).

der Beschreibung von Bildung in einem gesellschaftlichen Kontext. Aus diesen Überlegungen resultiert die zu untersuchende Frage: *Wie stabilisiert sich eine Ordnung mit Wissen in berichtenden Formen mit Bezug auf Bildung und inwiefern kann der Umgang mit Bildung aus erziehungswissenschaftlicher Perspektive als sachangemessen eingeschätzt werden?*

Zur Untersuchung dieser Fragen wird anhand von Fallstudien in einem ersten Schritt der *Kontext* sowie die *spezifische Form der Ordnungen* der Berichte beschrieben. Einerseits sind, wie die literarischen Gattungen, «auch die praktischen ‹Textsorten› historische Individuen, die man am besten über ihre Geschichte in den Griff bekommt» (Trabant, 1998: 63). Berichte sind «in einen semantisch hochdeterminierten Kontext hineingeschrieben, sie setzen viel voraus und sind nur von diesem Kontext her verständlich» (Assmann, 1996: 62). Andererseits ist jede Bestimmung des Gegenstands bildungsthematischen Denkens und Handelns «Resultat intersubjektiv *strittiger* Entscheidungen, in denen divergierende Interessen und Wertungen und damit korrespondierende Überzeugungen ungleichmächtiger Akteure zur Geltung kommen» (Heid, 2016: 82; Hervorhebung im Original). Jede «inhaltliche (statt kategoriale) Antwort» auf die Frage, was Bildung sei, «besteht in einer umstrittenen Benennung von Sachverhalten (im weitesten Sinn der Verwendung dieses Wortes), die nicht Bildung, sondern bspw. bestimmte Inhalte oder Modalitäten des Wissens, Redens, Handelns oder ‹Seins› sind» (ebd.: 81). Dasjenige, «was Praktiker und Politiker unter Bildung verstehen und zu welchen Zwecken sie sich in welcher Weise Bildung ‹bedienen›» (ebd.: 82), ist Aufgabe der Erziehungswissenschaft zu analysieren und kritisieren. Bezogen auf *Recht und Grenzen des Gebrauchs von Bildung* ist man als Erziehungswissenschaftlerin/Erziehungswissenschaftler zunächst der «Ausweisung des Sinns von Bildung in einer bestimmten geschichtlichen Lage zugewandt und nicht genötigt, seinen oder einen absoluten Maßstab mitzubringen» (Fischer, 1982: 9). Diese *Ausweisung von Sinn* wird in diesem ersten Schritt geleistet.

In einem zweiten Schritt wird auf dieser (deskriptiven) Grundlage auf die *Funktion* von berichtenden Formen mit Bezug auf Bildung reflektiert. Indem in der öffentlichen Berichterstattung aus einer bestimmten Perspektive «die Komplexität der Gesamtheit» reduziert wird, werden «bestimmte Funktionen für diese» ausgeübt (Biti, 2000a: 260). So sind, zumindest in einem gewissen Grad, in den berichtenden Formen alternative Lösungen für Probleme bezogen auf Bildung zu erwarten.

In einem dritten Schritt werden in einem zusammenfassenden und bilanzierenden Kapitel die berichtenden Formen mit Bezug auf Bildung verglichen und diskutiert, inwiefern der Umgang mit Bildung aus erziehungswissenschaftlicher Perspektive als sachangemessen eingeschätzt werden kann. Das gemeinsame *Woraufhin* bzw. das *tertium*, welches den Vergleich kontrolliert, bildet die Funktion der berichtenden Formen mit Bezug auf Bildung im Gesellschaftssystem. Die Problematisierung der berichtenden Formen findet anhand einer erziehungswissenschaftlich elaborierten Begrifflichkeit statt. Damit sollen gesellschaftlich relevante Denkmuster von Bildung, welche in den Berichterstattungsbeispielen erkennbar werden und in einer Gesellschaft das Wissen um Bildung (mit-)bestimmen, analysiert und auf Möglichkeiten und Grenzen hin eingeschätzt werden. Die berichtenden Formen werden also in diesem dritten Schritt aus erziehungswissenschaftlicher Sicht hinsichtlich ihrer Aussagekraft für eine erziehungswissenschaftliche Diskussion beurteilt. Diesbezüglich ist zu beachten, dass auch in der Erziehungswissenschaft keine Einigkeit darüber besteht, was unter Bildung zu verstehen ist resp. eine allgemein anerkannte Theorie existiert nicht. Dies liegt u. a. an der historisch nachweisbaren multiplen Referenzierung von *Bildung* (vgl. exemplarisch Blankertz, 1974; Fischer, 1982; Heid, 2016; Menze, 1970; Tenorth, 2020). Darüber hinaus handelt es sich bei Bildung (wie auch bei Erziehung), wie bereits angedeutet, um ein «polykontextualisiertes, ubiquitäres Phänomen», das keine «Fach-, Disziplin- oder Professionsgrenzen kennt» (Kraft, 2013: 186). Es kann also nicht darum gehen, einen absoluten Massstab anzusetzen, mit dem die *wahre* Bildung festgestellt werden soll, sondern nur darum, anhand erziehungswissenschaftlichen Wissens Möglichkeiten und Grenzen von Bildung, an denen die Selbstbeschreibungen reflektiert werden, zu diskutieren.

Die vorliegende Untersuchung kann als Beitrag zu einer erziehungswissenschaftlichen Wissensforschung[7] gelesen werden. Ausgangspunkte bilden also nicht etwa Fragestellungen der Medien- bzw. Kommunikationsforschung. Grundlegende Annahme dieser Untersuchung ist, dass in der Erziehungswis-

7 Eine jüngere Auseinandersetzung über Wissens- und Wissenschaftsforschung in der Erziehungswissenschaft und damit «eine neue Beobachtung der Formen der Beobachtung und Selbstbeobachtung von Erziehungswissenschaft und pädagogischem Wissen» (Tenorth, 2016: 502) bildet sich in der *Zeitschrift für Pädagogik, Heft 4* von 2016 ab. Das Fazit von Heinz-Elmar Tenorth lautet: «*More research is needed*» (ebd.: 510; Hervorhebung im Original).

senschaft keine sehr ausgeprägte wissenschaftliche Beschäftigung mit der gegenwärtigen öffentlichen Berichterstattung mit Bezug auf Bildung stattfindet. Das Ziel und der Erkenntnisgewinn für die Erziehungswissenschaft können in einer differenzierten Einordnung bzw. Systematisierung sowie in einer Problematisierung eines sachangemessenen Umgangs mit Bildung exemplarischer berichtender Formen mit Bezug auf Bildung in der öffentlichen Berichterstattung in der Schweiz gesehen werden. Damit ist ein «*initiative[r]* Gestus» (von Sass, 2019: 22; Hervorhebung im Original) verbunden,[8] der die eigene fachliche Perspektive herausfordern, eventuell sogar korrigieren bzw. erweitern will, mit dem Ziel, Erziehungswissenschaft «immer wieder neuen Beschreibungen auszusetzen, den Möglichkeitssinn zu testen und zu expandieren» (ebd.; vgl. auch Rorty, 1992: 32).

In dieser Einleitung wird zunächst anhand des Forschungsstandes und der Perspektiven auf die gegenwärtige Bildungsberichterstattung versucht, das Desiderat dieser Untersuchung zu begründen (1.2). In einem weiteren Schritt (1.3) werden das Erfahrungsobjekt (Materialobjekt) – *berichtende Formen mit Bezug auf Bildung* – historisch-systematisch hergeleitet sowie das Erkenntnisobjekt (Formalobjekt) – *Ordnungen des Wissens* – konstituiert. Schliesslich werden Untersuchungsdesign und Verfahren dargelegt (1.4).

1.2 Forschungsstand und Perspektiven auf die gegenwärtige Bildungsberichterstattung

Sowohl in erziehungswissenschaftlichen Nachbardisziplinen wie auch in der Erziehungswissenschaft selbst scheint das Interesse an der gegenwärtigen öffentlichen Berichterstattung eher gering zu sein. Neuere grundlegende Beiträge zu *Bericht* bzw. *Berichterstattung* in einschlägigen Lexika und Bibliographien

8 Hartmut von Sass nennt einen weiteren, den *performativen Gestus*, der «die Einladung zur Selbsterweiterung hinter sich lässt und in ein Engagement für eine Perspektive eintritt. Nicht die Wertschätzung des Pluralen steht hier im Zentrum, sondern in (mit Rorty: ironischer) Kenntnis der Alternativen geht es gerade darum, für eine Perspektive zu kämpfen und somit Teil ihres – oft moralischen, mehr noch politischen – Ereignisses zu werden, was seinerseits bereits ein Element des Ereignisses selbst sein solle: Das Ereignis und das Engagement für dieses Ereignis gehörten damit unbedingt zusammen» (von Sass, 2019: 22; vgl. auch Žižek, 1999/2017: 185).

finden sich kaum, eine Ausnahme bildet etwa das *Historische Wörterbuch der Rhetorik* (1992), herausgegeben von Gert Ueding: Dort ist ein Lemma *Bericht* enthalten. Auch in der Soziologie ist die aktuelle öffentliche Berichterstattung von eher geringem Interesse, eine Ausnahme bildet etwa der Zeitschriftenbeitrag von Barlösius/Köhler von 1999, darin werden Berichte als «Repräsentationen gesellschaftlich umkämpfter Sachverhalte, die mit einem hohen Maß an Legitimität ausgestattet sind», bestimmt (Barlösius/Köhler, 1999: 549).

In der Erziehungswissenschaft gibt es einige Publikationen, die sich mit der gegenwärtigen Bildungsberichterstattung auseinandersetzen, so etwa das *Beiheft 6 der Zeitschrift für Erziehungswissenschaft* von 2007 mit dem Titel *Bildungs- und Sozialberichterstattung*, herausgegeben von Krüger/Rauschenbach/Sander. Unter Bildungs- und Sozialberichterstattung verstehen die Autoren die «spätestens seit den 1970er-Jahren [...] in Deutschland zunehmenden Bestrebungen [...] sich in Form von Parlaments- und Regierungsberichten einen Überblick über politisch relevante Sachverhalte zu schaffen, bei denen es direkt oder indirekt um Fragen der Bildung, Betreuung und Erziehung, um Fragen des Aufwachsens von Kindern und Jugendlichen, um Fragen der sozialen Lage von Menschen geht» (Krüger/Rauschenbach/Sander, 2007: 5). Das Erstaunen darüber, «dass trotz Wissenschaftsbasierung und trotz der Einbindung der Erziehungswissenschaft dies bis heute keine erkennbaren systematischen Reaktionen auf Seiten des Faches nach sich gezogen hat» (ebd.), könnte den Autoren zufolge dadurch erklärt werden, «dass es aus Sicht der Erziehungswissenschaft diesen Berichten weniger an Qualität, als vielmehr an wissenschaftlicher Relevanz mangelt, genauer: dass es sich bei diesen Berichten aus Sicht des Faches um so etwas wie öffentlichkeitsrelevante Zweitverwertungen von wissenschaftlichen Erkenntnissen handelt, die keinen wissenschaftlichen Neuigkeitswert besitzen, so dass diese Texte in einem wissenschaftlichen Lightformat keine besondere Würdigung verdienen» (ebd.: 6). Ein weiterer Grund «könnte auch darin liegen, dass es einem disziplinär ausgerichteten Wissenschaftskonzept zuwiderläuft, es gewissermaßen dysfunktional erscheint, das zur Kenntnis zu nehmen, was nicht im Wissenschaftssystem selbst, sondern außerhalb oder zumindest an den Rändern ‹produziert› wird» (ebd.). Im Sammelband *Bildung unter Beobachtung* von 2018, herausgegeben von Bormann/Hartong/Höhne, werden, wie im Untertitel ersichtlich, *kritische Perspektiven auf Bildungsberichterstattung* eingenommen. Dabei wird «die in Deutschland jüngst eingeführte daten- bzw. indikatorenbasierte Bildungssteuerung als die Durchsetzung einer spezifischen Form ‹beobachtender Vernunft›» betrachtet (Bormann/Hartong/Höhne, 2018: 7 f.). Die Autoren gehen davon aus, dass «heutige Beobachtungssysteme primär auf quantifizierten und quantifizierbaren Daten und Indikatoren, von denen sich Entscheidungsträger Anhaltspunkte für ‹richtige› Interventionen erhoffen», beruhen (ebd.: 8). «Bildungsberichte und Bildungsberichterstattung» werden als «ein Element im *komplexen bildungspolitischen Kontroll- und Beobachtungssystem*» gedeutet (ebd.: 9; Hervorhebung im Original). Weiter sei auf das Lemma *Indikatorengestützte Bildungsberichterstattung* von Maaz/Kühne im 2018 bereits in vierter Auflage erschienenen *Handbuch Bildungsforschung*, herausgegeben von Tippelt/Schmidt-Hertha, hingewiesen. Darunter verstehen die Autoren «die kontinuierliche, datengestützte Information der Öffentlichkeit über Rahmenbedingungen, Verlaufsmerkmale, Ergebnisse und Erträge von Bildungsprozessen mit dem Zweck, das Bildungsgeschehen in der Gesellschaft von der vorschulischen Bildung bis zur Hochschule und Weiterbildung im Erwachsenenalter transparent zu machen und damit eine Grundlage für Zieldiskussionen und politische Entscheidungen zu schaffen» (Maaz/Kühne, 2018: 375). Bildungsberichte werden «im Kanon der Instrumente des Bildungsmonitorings» (ebd.) verortet. Neben diesen eher allgemeinen Beiträgen zur gegenwärtigen Bildungsberichterstattung gibt es einige Spezialstudien, von denen folgende erwähnt werden sollen: Bernd Zymek hat anhand eines Kommentars zu den Bildungsgutachten im Auftrag der Vereinigung der Bayerischen Wirtschaft die deutsche Variante einer Ökonomisierung der Bildung aufgezeigt (vgl. Zymek, 2009). Im bereits erwähnten Sammelband von Bormann/Hartong/Höhne hat sich Matthias Rürup anhand der Frage, ob Bildungsberichterstattung über Bildung berichtet, mit Kritikerinnen und Kritikern einer solchen Berichterstattung auseinandergesetzt. Sein Fazit lautet, dass der Bildungsbegriff der Bildungsberichterstattung «offensichtlich systemisch-funktionalistisch begrenzt» sei und systematisch dazu führe, «staatliche Akteure (national oder international) in ihren Einflussrechten zu stärken» (Rürup, 2018: 39). Seiner Ansicht nach sei «deshalb wichtig, den öffentlichen Begriff von Bildung nichtsystemisch und nichtfunktionalistisch zu erweitern und das Bewusstsein der legitimen Selbstgestaltungsrechte der pädagogischen Praxis zu stärken» (ebd.).

Dieser erste Blick entlang den Rändern sowie innerhalb der Erziehungswissenschaft stützt den Eindruck einer nicht sehr ausgeprägten wissenschaftlichen Beschäftigung mit der gegenwärtigen Bildungsberichterstattung. In der Soziologie werden Berichte als ein Instrument zur Durchsetzung von Macht interpretiert, ähnliches gilt für die Erziehungswissenschaft. Dort wird in einer Engführung hauptsächlich eine Ausformung von Bericht thematisiert, nämlich die sog. «daten- bzw. indikatorenbasierte Bildungsberichterstattung» (Bormann/Hartong/Höhne, 2018: 8) und vor dem Hintergrund von politischen Machtfragen sowie des sog. Bildungsmonitorings. Für die Schweiz liegen kaum Studien vor, die sich aus erziehungswissenschaftlicher Sicht der gegenwärtigen Bildungsberichterstattung annehmen. Resümierend finden sich zu *Bericht* begriffsgeschichtliche und semantische Spuren. Zur Bildungsberichterstattung ist ein Fokus auf eine spezifische Ausformung von *Bildungsberichten* zu konstatieren. Dagegen ist eine vielfältige Bildungsberichterstattung gesellschaftlich, lebensweltlich und institutionell gegenwärtig sehr präsent.

1.3 Ordnungen des Wissens als Gegenstand berichtender Formen

Vorliegende Studie knüpft an den bisherigen Erkenntnissen insbesondere zur *daten- bzw. indikatorenbasierten Bildungsberichterstattung* an und versucht, diese Erkenntnisse für die Schweiz miteinzubeziehen sowie im Sinne eines Desiderats weitere Ausformungen gegenwärtiger berichtender Formen mit Bezug auf Bildung zu untersuchen. Um die Funktion dieser berichtenden Formen aus erziehungswissenschaftlicher Sicht zu reflektieren, bedarf es einiger theoretischer wie auch methodischer Prämissen.[9]

Eine spezifische Form, die in unserer Gesellschaft und Kultur «für die Ordnung von Erfahrung und Wissen grundlegend» (Stierle, 1984: 398) – so

9 Vgl. dazu Holm Tetens: «Wir erkennen eine objektive Eigenschaft der Wirklichkeit, wenn wir erfahren, dass sich unter bestimmten theoretischen Rahmenannahmen die und die Beobachtungen einstellen, die ihrerseits die und die Behauptungen über die Welt bestätigen oder widerlegen, und dass sich unter anderen Rahmenbedingungen Beobachtungen anders darstellen, sodass sie auch andere Behauptungen über die Welt bestätigen oder widerlegen» (Tetens, 2019: 81) sowie Helmut Heid: «Jede Aktivität der (Daseins-)Vergewisserung ist zugleich (vor-)wissensabhängig *selektiv* und über diese selektive Aktivität *hinaus* in theoretischen Begründungs*zusammenhängen* bedeutsam» (Heid, 2016: 75; Hervorhebungen im Original).

auch für den gesellschaftlichen *Ordnungsbereich* (vgl. Waldenfels, 2013: 24) Bildung – zu sein scheint, ist die *berichtende Form*. Ordnungsmechanismen einer Gesellschaft «manifestieren sich in Artefakten», bspw. eben in Berichten (Schneider, 2016: 146). Ganz allgemein kann unter *Berichterstattung* das Weitergeben von Informationen einer bestimmten Gruppe oder der Allgemeinheit über einen bestimmten Sachverhalt verstanden werden. Bereits die Etymologie von *Bericht* zeigt eine Konnotation mit *Ordnung* an: mhd. *berihten, richtig machen, auf den rechten Weg kommen, in Ordnung bringen*; nhd. *richten*, in der Bedeutung *in Ordnung bringen*. Im *Etymologischen Wörterbuch* wird unter Berichten *eine sachliche Darstellung eines Geschehens oder Sachverhalts geben*, verstanden (Pfeifer et al., 1993). Sachverhalte stellen demnach typische Inhalte dieser Form dar (vgl. Pankau, 1992: 1487).[10] Das Affix *be-* weist dabei auf einen umfassenden Einwirkungsanspruch von richten, in Ordnung bringen hin, der bspw. bei *Nachricht* nicht gegeben ist.

Berichte treten grundsätzlich sowohl in sachbezogenen und fiktionalen Texten sowie in der Alltagskommunikation auf (vgl. Pankau, 1992: 1485). Während in der antiken Rhetorik die Formen des Berichts «zunächst streng auf die knappe, Überzeugung schaffende und Entscheidungen beeinflussende Darlegung eines Sachverhalts vor Gericht ausgerichtet» war (ebd.: 1488), gewannen durch «die Erfindung und Verbreitung des Buchdrucks» (ebd.: 1489) die «vornehmlich informativen Genres […] seit dem frühen *18. Jh.*» an Einfluss, als sich «eine im modernen Sinne literarische Öffentlichkeit herausbildet» (ebd.; Hervorhebung im Original). Im 19. Jh. ist eine «Spezialisierung der verschiedenen Texttypen» zu beobachten (ebd.). Bspw. «spezialisierten sich die entstehenden Formen des Presse- und Zeitungswesens […] immer deutlicher auf die Wiedergabe der Faktizität» (ebd.). Damit werden eine «Zweckgebundenheit und […] auf die Faktizität reflektierende Berichtsfunktion» betont (ebd.: 1490). In Meyers *Conversations-Lexicon* von 1845 wird unter Bericht «in weiterer, jetzt üblicher Bedeutung jedes mündliche od. schriftliche Nachrichtgeben und die Darstellung über irgend ein Verhältnis» verstanden (Meyer, 1845: 555). Und «in der heutigen Geschäftssprache» bedeutet Bericht «der meist schriftliche Vortrag einer untergeordneten Behörde an eine

10 *Sachverhalte* werden hier allgemein und vereinfachend als mögliche Konfigurationen von Gegenständen verstanden (vgl. Sandkühler/Stekeler-Weithofer, 2010: 2688). In Berichten werden also Sachverhalte unter verschiedenen Ordnungsrücksichten erkennbar.

obere über Gegenstände, welche in den Geschäftskreis derselben einschlagen» (ebd.). Weiter wird «die zweckmäßigste Anordnung» eines Berichts sein, «daß nach einem passenden kurzen Eingang die historische Darstellung des ganzen zu entscheidenden oder zu behandelnden Verhältnisses, alsdann die wissenschaftlichen, rechtlichen oder politischen Grundsätze für die Beurtheilung und zuletzt die gutachtliche Ansicht und Antragstellung über die angemessenste Behandlung oder Entscheidung der Sache auf einander folgen» (ebd.). Die Hauptaufgaben eines «guten Berichts» werden in der «Vollständigkeit und Bündigkeit, Klarheit und Treue, endlich kalte leidenschaftslose unparteiische und scharfe Beurtheilung der Sache, nach allen zur Sprache kommenden wissenschaftlichen, rechtlichen oder politischen und durch die besonderen Verhältnisse an die Hand gegebenen Gesichtspunkte» gesehen (ebd.). Grundsätzlich kann konstatiert werden, dass sich bezüglich schriftlichen Berichten mit der Referenz *etwas in die rechte Ordnung bringen* «der Rahmen realweltlicher Erfahrungen und Bezüge [öffnet], der über die ‹Weltabkürzungskunst› der Zeichen ansprechbar und kommunizierbar wird» (Assmann, 2015: 17).[11] Indem in Berichten mit Ordnungstechniken und -systematiken gearbeitet wird, findet eine Reduktion kultureller Komplexität statt, wodurch sich so jeweils ein *Sonderwissen* über einen bestimmten Ordnungsbereich (wie in der vorliegenden Untersuchung Bildung) manifestiert.

Die bereits angesprochene Entwicklung und Ausdifferenzierung der öffentlichen Berichterstattung im 19. Jahrhundert steht im Zusammenhang mit der in diesem Säkulum gesteigerten gesellschaftlichen Selbstreflexion: «Das 19. Jahrhundert war eine Epoche organisierter Erinnerung und zugleich gesteigerter Selbstbeobachtung» (Osterhammel, 2010: 26). Speziell in Europa wurde im 19. Jahrhundert – auch unter dem Einfluss der «epochentypische[n] philosophische[n] Richtung des Positivismus» (ebd.: 46) – «unvergleichlich mehr Material der Selbstbeobachtung und Selbstbeschreibung» als in früheren Jahrhunderten produziert (ebd.: 45). So entstanden neue Gattungen, wie etwa das *Sozialpanorama*, moderne *Sozialreportagen*, *empirisch-sozialwissenschaftliche Untersuchungen* (social surveys), der *realistische Roman* sowie *Reiseberichte* (vgl. ebd.: 45–53). Ebenfalls gilt das 19. Jahrhundert als

11 Hier wird ein «‹lautsprachenneutrales Schriftkonzept›» verwendet (Krämer, 2014: 254). Unter *Schrift* wird also die Erfassung von Zeichen jeder Art verstanden, bspw. «Zahlenschriften, logische Schriften, naturwissenschaftliche Formeln» usw. (ebd.).

«Gründerepoche» moderner Statistik. An die Stelle der «Kompilation von mehr oder weniger planlos gefundenen Daten» trat eine methodisch strenge, «Lückenlosigkeit anstrebende[] Erhebung und mathematische Verarbeitung» (ebd.: 57). So wurde Statistik in der zweiten Hälfte des 19. Jahrhunderts «das, was sie heute noch ist: das wichtigste Instrument eines kontinuierlichen *self-monitoring* von Gesellschaften» (ebd.; Hervorhebung im Original). Der Staat wurde «zum Organ der Selbstbeobachtung von Gesellschaften», womit im 19. Jahrhundert ältere Tendenzen aufgegriffen wurden: «In Mitteleuropa war es Aufgabe der *Polizeywissenschaft*, im englischen Sprachraum der *politischen Arithmetik* gewesen, Daten über die Gegenwart zu sammeln» (Osterhammel, 2010: 60). Im 19. Jahrhundert neu war die «Verfeinerung der Beobachtungspraktiken, ihre institutionelle Verstetigung, ihr Geist der Objektivierung» (ebd.). Mit der Etablierung der modernen Statistik wurden Statistische Gesellschaften und Zeitschriften gegründet, für die Sammlung, Auswertung und Archivierung von Daten wurden staatliche Ämter ins Leben gerufen: «Politik beruhte mehr denn jemals zuvor auf exakten Informationen» (ebd.: 61). Aufgrund dieser Entwicklung kann das 19. Jahrhundert als «Jahrhundert des Zählens und Messens» bezeichnet werden (ebd.: 62): «Erst jetzt steigerte sich die Idee der Aufklärung, die Welt vollständig beschreiben und taxonomisch ordnen zu können, zum Glauben an die wahrheitserschließende Kraft der Zahl, des statistisch bearbeiteten Datums» (ebd.). Statistik wurde «das, was sie heute noch ist: eine Redeweise politischer Rhetorik» und damit auch ein «zentrales Element des gesellschaftlichen *imaginaire*» (ebd.: Hervorhebung im Original). Noch universaler «als der realistische Roman, die Statistik und die empirische Gesellschaftsbeschreibung verbreitete sich im 19. Jahrhundert die Presse» (ebd.: 63). Die Ausbreitung der Presse veränderte auch die politische Kommunikation. Dieser Raum, den die Presse eröffnete, kann als «neue Ebene gesellschaftlicher Selbstreflexion» verstanden werden (ebd.: 63). Besondere Merkmale der Zeitung waren ihre regelmässige Erscheinungsweise, ihr Charakter als Produkt einer Gruppe (der Redaktion), ihre Einteilung in schematische Ressorts und Sparten, die Aufnahme von Nachrichten, die über den regionalen und sozialen Erfahrungshorizont der Leserschaft hinausgingen, die zunehmende Aktualität dieser Nachrichten sowie das täglich veränderte Marktgeschehen (vgl. ebd.: 64). Die Qualitätspresse «und gleichzeitig mit feinen Zwischenabstufungen auch die Massenpresse entstanden im letzten Quartal des 19. Jahrhunderts» (ebd.: 73). Die neu entstehenden Nachrichtenagenturen wurden zu einem «machtvollen Ausdruck einer Ideologie der ‹Objektivität›» (ebd.: 75). Periodisch hergestellte Druckmedien wurden «zu einer Kraft, die das Alltagsleben von mehr als winzigen Bildungsschichten erreichte» (ebd.). Die Grundstrukturen des Pressewesens, «wie wir es heute kennen, wurden in der zweiten Hälfte des 19. Jahrhunderts geschaffen» (ebd.). Neben «‹realistischer› Kunst, Statistik und beschreibender Sozialwissenschaft» war die Presse ein weiteres «Medium gesellschaftlicher Selbstbeobachtung unter Bedingungen einer dramatischen Ausweitung der Reichweite medial gestützter Kommunikation» (ebd.: 76). Im 19. Jahrhundert «entstanden jene Institutionen und Erkenntnisweisen gesellschaftlicher Selbstbeobachtung, die sich bis zur allgemeinen Verbreitung des Fernsehens in den reicheren Gesellschaften oder gar bis zur ‹digitalen Revolution› am Ende des 20. Jahrhunderts nicht grundlegend veränderten: Mediale *Massen*kommunikation über kleine Elitenzirkel hinaus, die staatlich organisierte Thesaurierung von Wissen und Objekten zum öffentlichen Nutzen, das *monitoring* gesellschaftlicher Abläufe und damit zugleich die Formung gesellschaftlicher *Selbst*auffassung durch Statistik und Sozialforschung, die technische Reproduzierbarkeit von Texten und Artefakten durch massenhaften Druck, Photoabzug oder phonographische Aufnahmen» (Osterhammel, 2010: 82; Hervorhebungen im Original).

Festgehalten werden kann, dass berichtende Formen in unterschiedlichen Bereichen des Gesellschaftssystems produziert und rezipiert werden. Obwohl berichtende Formen ausserhalb (oder an den Rändern) des Wissenschaftssystems *Unwahrheit* nicht als Reflexionswert zu benutzen scheinen, wird in berichtenden Formen u. a. auch auf Aspekte von Wissenschaft als *Sinnstütze* (vgl. Berger/Luckmann, 1966/2016: 118) zurückgegriffen. Weiter wird in berichtenden Textformen, welche eine auf die *Faktizität* reflektierende Funktion haben, zum einen (umfassend) Information über einen Sachverhalt ermittelt und zur Darstellung gebracht. Damit sollen zum anderen Voraussetzungen dafür geschaffen werden, dass, je nach Zwecksetzung, eine verlässliche Beurteilung resp. Behandlung oder Entscheidung des Sachverhalts möglich ist.

Berichtende Formen mit Bezug auf Bildung werden in dieser Studie als *spezifische Form der (schrift-)sprachlichen Ordnung des Wissens, welche jeweils ein Urteil über den Sachverhalt Bildung enthalten*, gefasst. Untersucht wird, welche Funktion diese geordneten Zusammenhänge haben und ob diese aus erziehungswissenschaftlicher Sicht zu überzeugen vermögen. Gegenstand der

Aussagen sind Verhältnisse zwischen verschiedenen Dimensionen: Kontext der Berichterstattung, Form der Ordnung der Berichte (formale und inhaltliche Ausformung) und Angemessenheit des sprachlich verfassten Urteils über den Sachverhalt Bildung.

Bezogen auf die zu erwartenden geordneten Zusammenhänge sowie die Funktionen der berichtenden Formen lässt sich aus erziehungswissenschaftlicher Sicht folgender Thesenkomplex formulieren:

(1) Bericht ist die Form der Ordnung des Wissens, die aus spezifischen Gründen gewählt wird und je nach Kontext unterschiedliche Funktionen erfüllt (etwa deskriptive, explikative oder evaluative Funktionen).

(2) Berichte sind nicht gleich Berichte (formal und inhaltlich): Berichte mit Bezug auf Bildung als Form der Ordnung des Wissens artikulieren sich als «Textordnungen» (Friedrich, 2004: 93). Als «Produkte der Aneignung von Welt» sind solche Berichte «nach formalen» sowie andererseits auch nach «spezifisch inhaltlichen Deutungs- und Verstehensmodellen gestaltet» (Fuhrmann/Selmayr, 2021: 16). So finden sich unterschiedliche Arten von Ordnung, die mehr oder weniger stark von einer idealtypischen Berichtsart abweichen (vgl. die Ausführungen weiter oben in diesem Kapitel). Zudem sind aus Gründen einer (notwendigen) Komplexitätsreduktion sowie unterschiedlicher Zwecksetzungen in öffentlichen Berichten qualitative Differenzen zu erwarten.

(3) Bildung hat sich als Gegenstand berichtender Formen (eben als öffentliche Bildungsberichterstattung) in den menschlichen Praxisfeldern Statistik, Verwaltung, Presse usw. etabliert. Berichte mit Bezug auf Bildung sind ein wichtiges Instrument, um Veränderungen herbeizuführen. Dabei ist in der Tendenz eine vom Glauben an die Zahl und das Messen konstituierende und getragene Ordnung der Dinge zu erwarten. Damit zeigt sich in der öffentlichen Bildungsberichterstattung, was sich auch als *state of the art* im Wissenschaftssystem etabliert hat: Zahlenbasierte Forschung ist neutral, passt zu allen Themen und empfiehlt sich generell als das Mittel der Wahl (vgl. Konersmann, 2021: 27). Damit rückt die Frage nach dem Stellenwert einer bestimmten wissenschaftlichen Ausrichtung als Sinnstütze resp. Wissenschaft als Medium einer *Soft Power* «im Prozess der öffentlichen Konsensbildung» (Herzog, 2017: 203) in den Fokus. Weiter kann erwartet werden, dass sich in Berichten mit Bezug auf Bildung eine spezifische Verschlagwortung von Begriffen manifestiert: «Die öffentliche Rede bildet ein Über-Ich aus, das über das Sagbare wacht und wie in der Welt der Dinge, so auch in der Welt der Sprache

den Innovationsfluss sicherstellt. [...] Die Verschlagwortung der Begriffe hält die Maschinerie der öffentlichen Auseinandersetzung in Gang und gibt neben den Themen auch die Muster vor, in denen sie [...] ‹auszuverhandeln› sind. [...] Die Schlagworte der Saison, ihre Sensationen und Hypes, entscheiden darüber, was relevant ist und legen fest, was heute und bis auf weiteres ‹zählt›» (Konersmann, 2021: 28). So kann neben einer Tendenz zur Ordnung des Mess- und Zählbaren, die «Ende des 18. Jahrhunderts durch den Zusammenschluss von politisch-sozialer und technisch-wissenschaftlicher Revolution» geweckt wurde (ebd.: 201), eine Orientierung an bestimmten, politisch und gesellschaftlich aktuellen Schlagworten erwartet werden. Ein solches Schlagwort ist etwa *Effizienz* als Kriterium zählbaren Erfolges. Mit diesem Schlagwort einher geht eine Verallgemeinerung des Ökonomieprinzips, die sich auch auf das Praxisfeld der Bildung ausdehnt.

(4) Öffentliche Diskurse – so auch die Bildungsberichterstattung – nutzen den pädagogischen Begriff ‹Bildung› als Leitmetapher der politischen Rhetorik, welcher dann in die alltägliche Kommunikation einsickert. Gerade im deutschsprachigen Raum stellt Bildung ein ideales Thema für die Öffentlichkeit dar, «denn es betrifft fast alle und weckt Hoffnungen auf individuellen und auch gesellschaftlichen Fortschritt» (Zymek, 2012: 3). Bildung kann so gesehen als «Reformutopie» betrachtet werden (ebd.). Ihr fehlen etwa die im aktuellen Zeitgeist der Erziehung zugeschriebenen negativen Konnotationen oder die Beschränkung auf schulisch vermittelte Bildung, welche mit dem Begriff ‹Unterricht› verbunden wird und den Blick auf eine moderne Lerngesellschaft (lebenslanges Lernen; Lernen des Lernens) erschwert. Auseinandersetzungen über Bildung «dienen dazu, ein gesellschaftliches und kulturelles Selbstverständnis zu finden» (Winkler, 2006: 10). In solchen Diskursen kann beobachtet werden, dass «mit hoher Allgemeinheit Ansprüche und Erwartungen» formuliert werden, welche «Pädagogik schlechthin zum Thema machen; *die* Bildung [wird] verhandelt, als ob es vollständige Gewissheit über sie gäbe» (ebd.; Hervorhebungen im Original). Anzunehmen ist, dass solche öffentlichen Diskurse «in ihrer versteckten Normativität ein ungeprüftes Hintergrundwissen» transportieren (ebd.). So liegt das Prinzip der Demokratie im Zusammenhang mit Öffentlichkeit bzw. der öffentlichen Berichterstattung gemäss Niklas Luhmann damit «nicht in ihrem Rationalitätsvorteil, sondern im Offenhalten der Zukunft für Entscheidungsgrundlagen mit neuen Gelegenheiten und neuen Beschränkungen. Das wird durch die Schemata der

öffentlichen Meinung unterstützt, ja erst ermöglicht» (Luhmann, 2002: 301). Bezogen auf die Bildungsberichterstattung kann weiter angenommen werden, dass die öffentlichen Diskurse einen Fokus auf das Bildungssystem der Gesellschaft legen: Sie thematisieren Bildung als Institution und Pragmatik, «theoretisieren sie als eine soziale und kulturelle Praxis, die sich historisch und funktional ausdifferenziert» hat (Winkler, 2006: 10). Damit einher geht eine Vernachlässigung subjektiver Komponenten von Bildung, wie sie etwa in einigen erziehungswissenschaftlichen Positionen betont werden, bspw. Bildung «als der Prozess der selbsttätigen Auseinandersetzung eines Menschen mit der Welt» (Rucker, 2014: 234). Solche vernachlässigten subjektiven Komponenten wären dann etwa Erfahrungen oder Erlebnisse. In der öffentlichen Argumentation und Beurteilung von Bildung haben sich ältere Tendenzen verstetigt: Bildung wird stark mit ökonomischen Argumenten und Begriffen diskutiert, programmatische Schlagworte wie bspw. *Chancengleichheit durch Bildung* haben sich etabliert und diesbezügliche Ziele werden formuliert, ohne dass einsichtig wird, wie in soziale und ökonomische Strukturen eingegriffen werden soll bzw. kann, und Bildungsprozesse werden als immer wieder fortzusetzende Lernprozesse verstanden: Das Recht auf Bildung hat sich in eine Bildungspflicht gewandelt (vgl. Zymek, 2012).

(5) Aufgrund der postulierten Charakterisierung von berichtenden Formen als ‹wissenschaftliches Lightformat› sowie mit Blick auf die Frage nach der Struktur eines Urteils, – wer beurteilt was wem gegenüber zu welchem Zweck mit Bezug auf welches Kriterium wie (vgl. Heid, 2013: 411) –, stellt sich die Frage, inwiefern das sprachlich verfasste Urteil über den Sachverhalt Bildung in der Berichterstattung gemessen an den Anforderungen, die sich aus erziehungswissenschaftlicher Sicht ergeben, als angemessen betrachtet werden kann. So kann bspw. davon ausgegangen werden, dass nur sehr selektive (bspw. spezifische psychologische oder ökonomische) Gesichtspunkte zur Beurteilung einer Sache in den berichtenden Formen eine Berücksichtigung finden oder dass die Anordnung der Berichte für spezifische Zwecke entfremdet wird und gewisse Elemente ausgelassen werden (wie bspw. historische Vergewisserungen). Weiter ist die Bestimmung der präskriptiven Komponente eines Urteils in der öffentlichen Bildungsberichterstattung Sache der Auftrag gebenden Instanz und nicht Gegenstand einer breiten diskursiven Vergewisserung, sie ist dem jeweiligen ‹Agendasetting› geschuldet. Die Bildungsberichterstattung wird vom Ziel und der gesetzten präskriptiven Komponente

her bestimmt. Damit einher geht der Verlust einer reflexiven Komponente in der Expertise, welche u. a. darin bestünde, eine anti-utopische, anti-dogmatische und anti-ideologische Haltung einzunehmen sowie zum Bestehenden aus unterschiedlichen Perspektiven Alternativen aufzuzeigen und zu diskutieren (vgl. Gonon, 2012: 303). Eine spezifisch erziehungswissenschaftliche Expertise wird in den berichtenden Formen und damit in der öffentlichen Berichterstattung kaum sichtbar sein. Dies liegt u. a. in der Disziplinengeschichte begründet: Mit dem Aufstieg der ‹Bildungsforschung› wurde die Disziplin wortwörtlich aufgefächert (vgl. Fatke/Oelkers, 2014: 11).

1.4 Untersuchungsdesign und Verfahren

Die bisherigen Ausführungen zeigen, dass zur Thematik kaum auf bereits bestehende Theorien oder einen umfangreichen Stand der Forschung zurückgegriffen werden kann. Deshalb werden Erkenntnisse zu der Frage, *inwiefern der Umgang mit Bildung aus erziehungswissenschaftlicher Perspektive in den untersuchten Berichten als sachangemessen eingeschätzt werden kann und welche Konsequenzen für die Erziehungswissenschaft als akademische Disziplin abgeleitet werden können*, mithilfe von Fallstudien gewonnen. Die Untersuchung wird durch eine heuristische Vorgehensweise strukturiert.[12] Das Ziel besteht also in einer Exploration der Fragestellung anhand von exemplarischen Fällen aufgrund einer Heuristik.

In drei Fallstudien (*Statistisches Jahrbuch BFS*, *Bildungsbericht SKBF*, *Bildungsbeilage NZZ*) wird die gegenwärtige öffentliche Berichterstattung mit Bezug auf Bildung in der Schweiz untersucht. Da verschiedene Ebenen von Öffentlichkeit unterschieden werden können (bspw. supranational, national, regional), wird in vorliegender Studie die öffentliche Bildungsberichterstattung auf die Schweiz begrenzt. Die Festlegung des *terminus ad quem* sowie des *terminus post quem* erfolgt pragmatisch, zudem werden diese nicht allzu weit

12 «Allgemein werden heute solche Begriffe, Grundsätze, Verfahren und Methoden ‹heuristisch› genannt […], die etwas zur Erkenntniserweiterung beitragen, ohne selbst die Sicherheit der gewonnenen Erkenntnisse begründen zu können. Sie finden […] überall da Anwendung, wo noch keine streng deduktiven Begründungs- und Entscheidungsverfahren bekannt oder möglich sind, und tragen daher grundsätzlich einen provisorischen, zugleich aber weiterführenden Charakter» (Schepers, 1974: 1119).

voneinander getrennt – es wird ein sog. Querschnitt modelliert. Die Untersuchungsmaterialien werden jeweils in den Fallstudien als berichtende Formen konstituiert. Was einen Bericht mit Bezug auf Bildung aus erziehungswissenschaftlicher Sicht ausmacht, wird im Prozess der Untersuchung erarbeitet.

Die berichtenden Formen werden als «kulturell codierte und materialisierte Äußerungen» fokussiert (Fulda, 2004: 251). Das Erkennen von Berichten als Form der Ordnung des Wissens erfordert, – da Ordnung hier als ein dynamisches, prozesshaftes Konzept verstanden wird, das «u.a. an kulturell bedingte Formen der Wahrnehmung, des Erlebens, der Kommunikation und des Wissens geknüpft ist» (Fuhrmann/Selmayr, 2021: 7) –, «in der Regel ein kulturell bedingtes Vorwissen», welches hilft, «die Logik der Zusammensetzung von Elementen zu erkennen und mitunter sogar eine darin zum Ausdruck gebrachte Botschaft zu decodieren» (ebd.: 8). Deshalb werden die Fallstudien in drei Untersuchungsabschnitte unterteilt. Dabei werden auch die drei heuristischen Dimensionen, anhand derer die Beschreibung und Problematisierung erfolgen, benannt:

(1) *Kontext*: Die jeweilige berichtende Form wird historisch-systematisch gerahmt. Es wird beschrieben, in welches Praxisfeld der jeweilige Bericht mit Bezug auf Bildung eingebettet ist und welche Denkweisen sowie Erwartungen damit verbunden sind: Wie werden Ordnungskonzepte etabliert, um Inhalte zu vermitteln und dadurch Erkenntnis und Wissen zu ermöglichen sowie Wahrnehmungsangebote zu machen?
(2) *Spezifische Form der Ordnung des Wissens*: Die spezifische Textordnung, d.h. der Aufbau und das Arrangement als Ordnungsgefüge sowie die inhaltliche Ausformung werden beschrieben.
(3) Reflexion auf die *Funktion* aus erziehungswissenschaftlicher Sicht: Die Berichte werden im Hinblick auf die Art und Weise, wie und welches Wissen verfügbar gemacht wird, interpretiert. Dabei strukturieren die in Kapitel 1.3 dargelegten Überlegungen die Interpretation.

Im abschliessenden Kapitel findet einerseits ein Vergleich der berichtenden Formen statt. Die spezifischen Ordnungen, die *relata*, werden in einen Zusammenhang gestellt. Das gemeinsame *Woraufhin* resp. die *tertia*, welche den Vergleich kontrollieren, werden durch die Dimensionen in der Heuristik bereitgestellt, wobei insbesondere ein Vergleich der *Funktionen* interessiert. Der

Vergleich ist synchron, präferenzlos und (ver-)suchend resp. offen (vgl. von Sass, 2011: 34–40). Epistemologisch sind «nicht *absolute* Neuigkeiten, wohl aber *relative* […] von Vergleichen zu erwarten, indem die Vergleichsglieder in einen durch bestimmte *tertia* kontrollierten Kontext gestellt werden». Indem die *relata* zueinander in Beziehung gesetzt werden, kommt es zu einer «Aufdeckung von Neuem im Alten» (ebd.: 41; Hervorhebungen im Original). Mit dem Vergleich werden eine Ähnlichkeitsaufdeckung sowie eine Differenzierung geleistet, erkennbar wird, welche Ähnlichkeiten und Differenzen zwischen den Ordnungen bestehen.[13] Die Problematisierung der berichtenden Formen und damit die Diskussion der Frage, *inwiefern der Umgang mit Bildung aus erziehungswissenschaftlicher Perspektive als sachangemessen eingeschätzt werden kann,* erfolgt in analytischer Absicht, damit anschliessend *Konsequenzen für die Erziehungswissenschaft als akademische Disziplin abgeleitet werden können.* Dazu wird eine erziehungswissenschaftlich elaborierte Begrifflichkeit bereitgestellt. In einem nächsten Schritt werden gesellschaftlich relevante Denkmuster von Bildung, welche in den Berichterstattungsbeispielen erkennbar werden und in einer Gesellschaft das Wissen um Bildung (mit-) bestimmen, analysiert. Aufgrund dieser Analyse wird diskutiert, inwiefern der Umgang mit Bildung aus erziehungswissenschaftlicher Perspektive in den untersuchten Berichten als sachangemessen gelten kann und welche Konsequenzen für die Erziehungswissenschaft als akademische Disziplin abgeleitet werden können.

Die Untersuchung verfährt historisch-systematisch, weil Genese und Kontext der Ordnungen mitberücksichtigt werden. Sie ist vergleichend, weil einerseits unterschiedliche Ordnungen relationiert sowie andererseits anhand des Vergleichs eine Problematisierung aus erziehungswissenschaftlicher Sicht vorgenommen wird. Experimentell ist die Untersuchung, indem eine Heuristik an Beispielen erprobt wird. Sie ist explorativ, weil eine Heuristik an exemplarischen Fallstudien vorgeführt wird. Der Geltungsbereich der Aussagen bleibt auf die hier etablierten Überlegungen eingeschränkt.

---

13 Hier zeigt sich nun selbst «ein Bedürfnis nach Ordnung […], nach einem Zusammenhang als Träger von Sinn» (von Sass, 2011: 46 f.). Der Vorteil einer solch quellennahen Analyse und eines solchen Vergleichs besteht darin, die Einzelfälle «nicht zugunsten der nächsten Abstraktionsebene» zu übergehen, sondern diese «als Ausweis des Konkreten» zu würdigen (ebd.: 47).

2. Statistisches Jahrbuch BFS

2.1 Einführender Teil: Kontext

Das *Statistische Jahrbuch der Schweiz (SJ)*, herausgegeben vom *Bundesamt für Statistik (BFS)*, ist eingebettet in die moderne Statistik.[14] An der Etymologie von *Statistik* zeigt sich laut Alain Desrosières, dass «die Statistik mit dem Aufbau des Staates, mit dessen Vereinheitlichung und seiner Verwaltung» zusammenhängt (Desrosières, 2005: 9). So ist «der Kodierungsvorgang, bei dem eine Zuordnung von Einzelfällen zu Klassen erfolgt [...], eines der wesentlichen Merkmale des Staates, die er durch und über seine Behörden zum Ausdruck bringt» (ebd.: 9 f.). Das Ziel von Statistik «besteht darin, die Vielfalt der Situationen zu reduzieren und deren zusammenfassende Beschreibung zu liefern – eine Beschreibung, die aufgezeichnet und als Grundlage des Handelns verwendet werden kann» (ebd.: 15). Die moderne Statistik «ist das Ergebnis der Vereinigung wissenschaftlicher und administrativer Praktiken, die ursprünglich weit voneinander entfernt waren» (ebd.: 10). Mit den Werkzeugen der Statistik wird «die Entdeckung oder die Erschaffung von Entitäten» ermöglicht, «auf die wir uns zur Beschreibung der Welt stützen und dabei Einfluss auf den Gang der Dinge nehmen» (ebd.: 3). Von diesen Entitäten kann gesagt werden, «dass sie gleichzeitig real und konstruiert sind, sobald sie in anderen Zusammenhängen wiederholt verwendet werden und unabhängig von ihrem Ursprung zirkulieren» (ebd.). Statistischen Beschreibungen kommt u. a. deshalb in Gesellschaften eine bedeutende Rolle zu, weil «die Rationalität einer Entscheidung [...] mit der Fähigkeit [zusammenhängt], auf

14 Für einen allgemeinen Überblick zur Geschichte der schweizerischen Statistik vgl. Jost, 2016; zur Geschichte der Staatenvergleiche vom 17. bis ins frühe 20. Jahrhundert vgl. Steinmetz, 2021; zur Geschichte der schweizerischen Schulstatistik vgl. Manz/Nägeli/Criblez, 2016 sowie Ruoss, 2018.

Dingen aufzubauen, die eine stabile Bedeutung haben: dadurch wird es möglich, Vergleiche durchzuführen und Äquivalenzen aufzustellen» (ebd.: 7). So liefert die Objektivierungsarbeit der Statistik «dauerhaft Dinge, auf denen die Verwaltung der sozialen Welt beruht» (ebd.: 12).[15]

Statistische Ordnungsverfahren erzeugen grundsätzlich Daten und suchen in diesen Daten nach Mustern, welche im Sinne der modernen Statistik u. a. Handeln orientieren sollen (bspw. als Planungs- und Steuerungswissen). Bei statistischen Informationen geht es primär um zusammengefasste Angaben über Massenerscheinungen resp. das *Gesetz der grossen Zahl* (vgl. Köhler, 2008: 75). Durch die Abstraktheit bietet die Statistik eine «Lesbarkeit von außen», sie ermöglicht «Entscheiden, Handeln, Planen und Evaluieren aus der Entfernung» (ebd.: 76). Beispiele grundlegender kognitiver wie sozialer Ordnungsverfahren sind etwa Kategorisieren, Klassifizieren, Quantifizieren, Vergleichen, Bewerten, wobei es sich hierbei um analytische Unterscheidungen handelt: «Über Kategorien werden singuläre und disparate Phänomene vereinheitlicht, über Vergleiche werden Sachverhalte hinsichtlich ihrer Ähnlichkeiten und Unterschiede beobachtet, über Bewertungen werden sie in eine Rangfolge gebracht und über Quantifizierung in numerische Größen übersetzt» (Heintz, 2021: 6). Im Sinne von *Statistik*, welche sich auf Staaten resp. den Zustand konkreter Staaten fokussiert (vgl. Steinmetz, 2021: 87), spielt historisch gesehen der Vergleich eine zentrale Rolle.

Luhmann (1995) verortet die Durchsetzung von Vergleichen als einer spezifisch modernen Ordnungstechnik im 18. Jahrhundert. Foucault (1966/1974) verortet das Vergleichen im *klassischen Zeitalter*: Mit der Genese der Taxono-

15 Alain Desrosières weist darauf hin, dass «die Wahl einer Interpretation […] nicht das Ergebnis einer philosophischen Debatte über das Wesen der Dinge» ist, «sondern vielmehr das Ergebnis des Gesamtkonstruktes, in dem das Modell seinen Platz findet. Es ist normal, dass die Akteure im täglichen Leben so argumentieren, *als ob* die Objekte existieren; denn einerseits sorgt die vorhergehende Konstruktionsarbeit im betrachteten historischen Handlungsraum für die Existenz der Objekte und andererseits würde eine andere Sichtweise jegliche Einwirkung auf die Welt verbieten» (Desrosières, 2005: 13; Hervorhebung im Original). Hier wird auch bereits klar, dass die moderne Statistik nicht DIE Wirklichkeit schafft und/oder repräsentiert, sondern eben «nur das Bild, das sich die Verwaltung von dieser Wirklichkeit macht» (ebd.: 285).

mie tragen die Wissenschaften im *klassischen Zeitalter* das «ferne Projekt einer erschöpfenden Ordnung stets mit sich: sie zielen immer auf die Entdeckung einfacher Elemente und ihrer fortschreitenden Komposition ab, und inmitten derer sind sie ein Tableau, sind sie die Ausbreitung von Erkenntnissen in einem sich selbst zeitgleichen System. Das Zentrum des Wissens im siebzehnten und achtzehnten Jahrhundert ist das Tableau» (Foucault, 1966/1974: 111). Neuere Untersuchungen belegen, «dass die Geschichte des Vergleichens nicht so linear verlief» (Heintz, 2021: 12). Dies gilt sowohl für den Vergleich als wissenschaftliche Methode als auch für die soziale Praxis.

Setzt man bei der Betrachtung statistischer Ordnungsverfahren dennoch im späten 17. Jahrhundert ein und fragt nach historischen Konstellationen, welche in Europa zur Entwicklung der modernen Statistik beigetragen haben, eine Zeit, in der sich also Staaten sowohl innerstaatlich sowie untereinander mittels Zahlen zu vergleichen und zu bewerten begannen, zeigt sich grob vereinfacht folgendes Bild: Während in der Zeit vor der «Friedensperiode nach 1815» die Berechnung der «relativen Bevölkerungs-, Fiskal- und Militärstärke» (Steinmetz, 2021: 93), also staatliche Machtressourcen, im Fokus standen (angenommen werden kann dies als Reaktion auf den nahezu permanenten Kriegszustand, in dem sich Europa befand), verlagerte sich das Interesse danach «mehr und mehr auf Indikatoren, welche die Leistungsfähigkeit und den Zivilisationsgrad der Staaten anzeigten» (ebd.). Neben Industrie und Handel geriet damit auch Bildung verstärkt ins Blickfeld von Statistiken. Dabei sollten nationale statistische Bureaus «die Fortschritte des eigenen Landes diachron und synchron im Vergleich zu anderen Staaten dokumentieren» (ebd.).[16] Die seit 1851 inszenierten Weltausstellungen bereicherten diese «inner- und zwischenstaatliche Vergleichspraxis um eine publikumswirksame visuelle Dimension» (ebd.).

Ein prägnantes Beispiel, wie in der zweiten Hälfte des 17. Jahrhunderts mithilfe tabellarisch systematisierten Wissens darüber nachgesonnen wurde, «genaue Kenntnisse über die Einwohner und Ressourcen des eigenen Landes» zu erlangen, ist das bei Gottfried Wilhelm Leibniz zu findende «Ideal

16 In der Schweiz legte der Bundesrat im Bundesgesetz von 1860 die Schaffung eines *statistischen Zentral-Büreaus* fest. Seit 1979 wird das Eidgenössische Statistische Büro *Bundesamt für Statistik (BFS)* genannt (vgl. Jost, 2016: 24).

eines Regenten […], der dank wohlgeordneter Tabellen in die Lage versetzt werde» (ebd.: 82), alles gleichsam «*in einen augenblick* zu übersehen» (Leibniz, 1680/2016: 196; Hervorhebung im Original).[17] Bald schon ging man «über die bloße Aggregierung und raumzeitliche Vergleichung des rohen Datenmaterials hinaus» und versuchte, aus «Zahlenreihen durch Rechenoperationen *neue* Erkenntnisse über *Relationen* zu gewinnen» (Steinmetz, 2021: 84; Hervorhebungen im Original). Viele dieser statistischen Ordnungsverfahren blieben aufgrund der Kriegszustände einer breiten Öffentlichkeit verschlossen. Zudem waren «die konkreten Zähl- und Rechenmethoden […] noch nicht routinisiert und interessierten nur einen kleinen Kreis von Beamten und Spezialisten» (ebd.: 85). Seit der Mitte des 18. Jahrhunderts wurde *Statistik* vermehrt an deutschen Universitäten gelehrt (vgl. ebd.: 87). Sie beinhaltete aber nicht in erster Linie eine Quantifizierungstätigkeit, sondern es handelte sich um Taxonomie. Diese «komplexen Klassifizierungen» hatten das Ziel, «die Tatsachen so aufzubereiten, daß sie ‹leichter einprägbar und vermittelbar sind und von

17 «Ich nenne *Staats-Tafeln*, eine schrifftliche kurze verfaßung des Kerns aller zu der Landes-Regierung gehörigen Nachrichtungen, so ein gewißes Land insonderheit betreffen, mit solchen Vortheil eingerichtet, daß der Hohe Landes-Herr alles darinn leicht finden[,] was er bey ieder begebenheit zu betrachten[,] auf einmal übersehen, und sich deßen als eines der beqvämsten instrumenten zu einer löblichen selbst-regirung bedienen könne. […] *Schrifftlich*, dieweil man nicht allezeit die dinge in Natura vor augen haben und besichtigen, auch nicht alles in Modelle bringen, oder abmahlen und vorbilden kan; so hat man auch nicht allezeit Leüte[,] bey denen man sich erkundigen könne oder gern erkundigen wolle, zumahl auf reisen und bei Kriegs-Expeditionen, wenn man von dem hoflager entfernet, und dann so können auch die Leüte so gefraget werden, nicht allemahl aus dem stegreiff von allem gründtlichen bericht geben, und sich der eigentlichen umbstände erinnern, und alle stücken, puncten, arten und geschlechte, schaden und nuzbarkeiten der dinge gleichsam auf den fingern hehr erzehlen[,] sondern es entfällt ihnen offt das beste und nöthigste; zu geschweigen ob sie sich allezeit gnugsam bemühen, und alles treülich eröfnen wollen. […] Durch *Nachrichtungen* verstehe ich nicht allerhand Vernunfftschlüße und Regeln, so verständige Leüte bey gelegenheit und wenn sie darauf zu dencken ursach haben, selbsten leicht finden können, sondern was mehr in facto als nachsinnen beruhet, und daher nicht erfunden, sondern erfahren[,] gehöret und erlernet werden muß, zum exempel was in einem Lande für eine quantität seidene zeüge oder wüllene tücher jährlich consumiret, oder verthan werden, das ist eine nachrichtung und beruhet in facto, es kan es auch keiner errathen, er sey so verständig als er wolle» (Leibniz 1680/2016: 195; Hervorhebungen im Original).

den Regierungen müheloser verwendet werden können»» (ebd.). Zwar kann eine *taxinomia* auch als eine «Wissenschaft der Ordnung – eine qualitative *mathesis*» (Foucault, 1966/1974: 110; Hervorhebung im Original) betrachtet werden. Sie ist im Gegensatz zur eigentlichen *mathesis* jedoch nicht «eine Wissenschaft der Gleichheiten, also der Zuweisung und der Urteile» – eine «Wissenschaft der *Wahrheit*» (ebd.; Hervorhebung im Original), sondern die «*taxinomia* ihrerseits behandelt Identitäten und Unterschiede; sie ist die Wissenschaft der Gliederung und der Klassen. Sie ist das Wissen von den *Wesen*» (ebd.; Hervorhebungen im Original). Das «Denkschema der deutschen Statistik» legte «einen *Vergleich* der Beschreibungen mit Hilfe von Kreuztabellen nahe, in denen die Staaten und die standardisierten Bereiche so in Erscheinung traten, daß man die Vielfalt der Situationen und Standpunkte mit einem einzigen Blick erfassen konnte» (Desrosières, 2005: 363; Hervorhebung im Original). Die Kreuztabellen mit «ihrer inneren Logik» tendierten allerdings dazu, «fortan auch Zahlen einzubeziehen, die man vergleichen, handhaben und in Grafiken übersetzen konnte. Die Tabellenform löste die Produktion und den Vergleich von Zahlen aus und schuf dadurch einen Raum für Berechnungen, der nach einer neuen Statistik rief – nach einer Statistik, die sich mit quantitativen Größen befaßte» (ebd.). Die alternative statistische Position der «verbal-beschreibenden» Staatenkundler (Steinmetz, 2021: 87) mündete ab 1805 im sog. Statistikerstreit (vgl. ebd.: 88). Dieses Beispiel zeigt, dass quantifizierende Staatenvergleiche, «die mit den Berechnungen der frühen britischen ‹Politischen Arithmetik› in der zweiten Hälfte des 17. Jahrhunderts einsetzten, später von der deutschen Tabellenstatistik weitergeführt und im Zuge der Einrichtung amtlicher statistischer Büros zunehmend professionalisiert und thematisch erweitert wurden», immer auch Positionen gegenüberstanden, «die sich gegen den numerischen Reduktionismus von Zahlenvergleichen wandten» (Heintz, 2021: 17; vgl. auch Steinmetz, 2021: 93–96). Dabei zeigt sich ein Problem statistischer Ordnungsverfahren, das in der «gesamten Geschichte der statistischen Klassifizierung immer wieder» auftrat: «Die Kodierung als Opferung unwesentlicher Wahrnehmungen, die Wahl der richtigen Variablen, die Technik der Konstruktion von Äquivalenzklassen, der Realismus der Kategorien und schließlich die Historizität der Diskontinuitäten» (Desrosières, 2005: 266). Während in den 1840er Jahren Bemühungen vorhanden waren, den Begriff *Statistik* «so weit zu dehnen, dass er quantifizierende sowohl als verbal-beschreibende (ethnografische, sozialkritische Verfahren) einschloss, wurde dies im postrevolutionären Zeitalter des Realismus und Positivismus ab 1850 schwieriger» (Steinmetz, 2021: 95). So begann sich *Statistik* als eigenständige Wissenschaft zu definieren, während sich auf der anderen Seite eine volkskundlich oder sozialreformerische Sozialreportage «als eigenes literarisches Genre» etablierte (ebd.: 96). Damit trennten sich sowohl begrifflich wie methodisch «um 1850 die Wege zwischen einer streng quantifizierenden und berechnenden ‹Statistik› im heutigen Sinne einerseits und einer qualitativen Sozialforschung andererseits, in der Zahlen und Berechnungen nur ergänzend eingesetzt wurden» (ebd.).

Im Zuge der Entstehung der *modernen Statistik*, welche eben «üblicherweise auf die erste Hälfte des 19. Jahrhunderts datiert und mit dem Aufbau statistischer Ämter in Zusammenhang gebracht» wird (Heintz, 2021: 21), richtete sich nach dem Wiener Kongress «das Interesse der amtlichen und gelehrten Statistik stärker als in den Jahrzehnten zuvor auf den jeweils eigenen Staat» und eben auch auf die Leistungsfähigkeit und den Zivilisationsgrad eines Staates (Steinmetz, 2021: 96). So wurden die entstehenden statistischen Bureaus «selbst zum Instrument der inneren Staatenbildung» (ebd.). Diese sollten primär «die Leistungen des Staates» sukzessive dokumentieren (ebd.). Lars Behrisch (2016) sieht diesbezüglich die entscheidende Zäsur in einem grundlegend neuen Verständnis der Aussagekraft und des Potenzials von Zahlen. «Den modernen Statistikern ging es nicht mehr um bloßes Zählen, sondern um die Aufdeckung übergreifender sozialer Zusammenhänge, die sie aus der Masse der gesammelten Daten herauszulesen suchten» (Heintz, 2021: 22). Mit der immer einheitlicheren *Installation* staatlicher Räume und der zunehmenden Verwendung mathematischer Formulierungen liessen sich «Singularitäten in standardisierten Relationen abstrahieren», die von «*einem* Fall auf einen *anderen* übertragen werden konnten» (Desrosières, 2005: 363; Hervorhebungen im Original).

Bereits bei der Gründung des Bundesstaates 1848 wurde in der Schweiz Statistik «ins Pflichtenheft des Bundesrates aufgenommen» (Jost, 2016: 20). Durch die beiden Bundesgesetze von 1860 gehörte auch Schulstatistik zum Aufgabenportfolio des Staates.[18] Die damit verbundene «Sichtbarmachung

18 Allerdings gab es in Bezug auf schulische Belange bereits früher eine Vielzahl von Enquêten, das wohl bekannteste Beispiel ist die Stapfer-Enquête von 1799. Manz/Nägeli/Criblez weisen ausserdem darauf hin, dass «die Erziehungsdirektoren bereits vor der

im internationalen Vergleich sollte mitunter die nationale Identität» stärken (Ruoss, 2018: 27). Dies wird unter anderem an der 1866 erstmals publizierten Zeitschrift *Statistische Nachrichten betreffend das Unterrichtswesen der sämmtlichen Kantone* sowie «der Erstellung einer umfassenden Schulstatistik auf Grundlage eigener Datenerhebungen» im Auftrag des Eidgenössischen Departements des Innern für die Weltausstellung in Wien von 1873 ersichtlich (ebd.). Die 1874 durch den Bildungsartikel der Bundesverfassung verankerte «Kompetenz zur Definition minimaler Rahmenbedingungen im Volksschulwesen» (ebd.: 33) sollte u. a. «durch das Sammeln kantonaler Daten» sichergestellt werden (ebd.). Fortschritt «im eigenen Land sollte in eingängigen Zahlenreihen sichtbar werden, die sich als stetige und möglichst anhaltende Bewegung zum Besseren interpretieren ließen» (Steinmetz, 2021: 97). Damit die Leistungsdokumentation und die Wettbewerbssteigerung aber Effekte zeitigen konnten, «war eine regelmäßige Publikation entsprechender Daten» resp. Serialität eine Voraussetzung (ebd.). Die «Erstellung gesamtschweizerischer Schulstatistiken» (Ruoss, 2018: 33) gestaltete sich zunächst aber schwierig. Weder waren weitere Voraussetzungen wie Zentralisierung und Organisationsbildung noch Standardisierung und Vereinheitlichung ausreichend gegeben. Dementsprechend versuchte der Bund, «‹weiche› Formen der Einflussnahme auf die kantonale Berichterstattung» auszuüben (ebd.). So erschien 1889 das *Jahrbuch des Unterrichtswesens in der Schweiz (JUS)*. Zwei Jahre später erschien erstmals das *Statistische Jahrbuch (SJ)* als Verwirklichung einer «im Jahre 1887 in der Bundesversammlung bei Anlass der Behandlung des bundesräthlichen Geschäftsberichtes gemachte[n] Anregung» (Statistisches Bureau des eidg. Departements des Innern, 1891: 1). Abschnitt XIII des *SJ* mit der Überschrift *Unterricht, Erziehung* enthält schulstatistische Informationen, die direkt «aus dem *JUS* übernommen» wurden (Ruoss, 2018: 34).

Nach einer «ersten Phase des Aufbaus der neuen staatlichen Strukturen von Bund und Kantonen» folgte mit dem Ersten Weltkrieg «eine bis in die 1950er Jahre dauernde Stagnation, ähnlich der wirtschaftlichen Entwicklung des Landes. [...] Darauf folgte, auf dem Hintergrund des raschen wirtschaft-

Bundesstaatsgründung öffentlich Rechenschaft» ablegten sowie auf den Umstand, dass unmittelbar nach 1848 «auch in den meisten anderen Kantonen regelmässig Berichte zum Erziehungswesen publiziert» wurden. Diese Berichte beinhalteten «statistisches Material, zunehmend in Tabellenform» (Manz/Nägeli/Criblez, 2016: 21).

lichen Aufschwungs, eine umfangreiche, aber wenig geordnete Erweiterung der statistischen Stellen und Büros. Nach der Wirtschaftskrise der 1970er Jahre kam es zu einem grossen Umbau, in dessen Zentrum das neue Bundesstatistikgesetz von 1992 steht» (Jost, 2016: 8). Diese wechselnden Rahmenbedingungen zeigen sich auch im *SJ*, welches seit 1891 mit zwei Ausnahmen jährlich erschienen ist. Die mit dem Ersten Weltkrieg einsetzende Stagnation zeigt sich im *SJ* etwa dadurch, dass in der Zeit zwischen den 1920er und den1960er Jahren nur reine Tabellenbestände abgebildet wurden. Eine klare Veränderung ist erst mit der Ausgabe von 1989 erkennbar, was in einem Zusammenhang mit dem neuen Verständnis der Rolle der Statistik (öffentliche Statistik) gesehen werden kann. Dieser Wandel zeigt sich in der Ausgabe des *SJ* von 1989 in Bezug auf den Themenbereich Bildung auch in einer begrifflichen Ausdifferenzierung: Der Abschnitt *Unterricht, Berufsausbildung* ist nicht mehr enthalten, neu ist der Abschnitt *Bildung und Wissenschaft* gelistet. Manz/Nägeli/Criblez erklären diese Ausdifferenzierung durch den Wandel «der Bedürfnisse an die Bildungsstatistik» (Manz/Nägeli/Criblez, 2016: 24); «neben outputorientierten Erhebungen übernahm das BFS weiterhin die Verantwortung für die Erfassung schulischer Infrastrukturdaten» (ebd.). Um «Ziele einfach zu definieren und deren Umsetzung rasch zu kontrollieren (*evidence based policy*)» (Jost, 2016: 122; Hervorhebung im Original), wurden *Indikatoren* geschaffen.[19] Die Erstellung von Bildungsindikatoren des BFS in den 1990er Jahren wurde «massgeblich beeinflusst durch das INES Projekt der OECD» (BFS, 2007: 7).[20] Damit einher ging eine internationale Standardisierung der Daten, die eine Vergleichbarkeit von Bildungssystemen ermöglichen sollte.

19 Etymologisch ist ein *Indikator* ein *Anzeiger*, in der Statistik ist er «nichts anderes als eine verdichtete, in eine einzige Zahl zusammengefasste Information» (Jost, 2016: 122).

20 Das INES-Projekt (Indicators of Education Systems) wurde von der OECD 1988 gestartet. Vgl. für die Schweiz BFS (1993, 1995, 1999). Mit dem ersten Bildungsbericht der OECD von 1992 wurde ein Indikatorensystem präsentiert, das auf einem einfachen Ordnungsschema aufbaut: Input – Prozess – Output – Outcome und «normativ Effektivität, Effizienz und die Gleichbehandlung (Equity) von und in Bildungsinstitutionen als relevante Fokusse erhebt» (Rürup, 2018: 19; vgl. auch OECD, 1992; BFS, 2007). Dabei «werden auch verschiedene Handlungsebenen (Makro-, Meso- und Mikroebene) im Bildungssystem unterschieden» (Rürup, 2018: 19), wobei «im Rahmen der Bildungsindikatoren die *Priorität der makrosystematischen Ebene* hervorzuheben» ist (BFS, 2002: 10; Hervorhebung im Original).

Im Jahr 1992 übernimmt die Schweiz internationale Normen, und «das neue Statistikgesetz von 1992 schuf die rechtliche Grundlage, um endlich die unkoordinierten Verhältnisse in der Statistik der Bundesverwaltung sowie die Beziehungen zwischen den Ämtern des Bundes, der Kantone und der Städte grundsätzlich neu zu regeln» (Jost, 2016: 108). Wenn auch «formal gesehen nicht von einer Statistik als öffentlichem Gut die Rede ist, so bildet diese Idee doch die Grundlage des neuen Gesetzes» (ebd.).[21] In Bezug auf die Bildungsstatistik ging mit dieser «Nationalisierung bei gleichzeitiger Internationalisierung» (Manz/Nägeli/Criblez, 2016: 24) eine Orientierung an der von der UNESCO entwickelten *International Standard Classification of Education (ISCED)* einher.[22] Mit dem Bundesstatistikgesetz (BstatG) wird in der Geschichte des Bundesstaates der Statistik zum ersten Mal «ein autonomer Status, sowohl bezüglich der Wahl der Methoden wie der Form der Publikationen» zugestanden (Jost, 2016: 107). Die Aufgaben der Bundesstatistik werden in Art. 3 festgehalten: «Die Bundesstatistik ermittelt in fachlich unabhängiger Weise repräsentative Ergebnisse über den Zustand und die Entwicklung von Bevölkerung, Wirtschaft, Gesellschaft, Bildung, Forschung, Raum und Umwelt in der Schweiz» (BstatG, 1992). Im fünften Abschnitt wird auch die Bereitstellung resp. Veröffentlichung der Daten geregelt. Unter Art. 18 ist zu lesen, dass «die wichtigsten statistischen Ergebnisse und Grundlagen» in benutzergerechter Form veröffentlicht werden (ebd.). Allerdings fehlte der öffentlichen Statistik bei all diesen Reformen noch «ein in der Bundesverfassung

21 Die «Bedeutung objektiver und autonomer statistischer Arbeiten» (Jost, 2016: 102) kommt durch die internationalen Normen der UNO, die *Fundamental Principles of Official Statistics* zum Ausdruck. An ihnen orientiert sich auch das *Statistische Amt der Europäischen Union* (Eurostat). Diese Grundsätze wurden durch die Schweiz 1992 im BstatG verankert. Zudem übernahm die Schweiz mit Inkrafttreten des bilateralen Statistikabkommens mit der EU 2007 auch den Verhaltenskodex für europäische Statistiken. In der Schweiz liegt der nationale Verhaltenskodex in der 3. revidierten Fassung als *Charta Öffentliche Statistik der Schweiz* von 2012 vor.

22 Um die sich stark unterscheidenden Erziehungs- resp. Bildungssysteme miteinander vergleichen zu können, entwickelte die UNESCO eine internationale Standardklassifikation. Diese «ermöglicht Vergleiche von Bildungsstatistiken und Indikatoren auf der Basis von einheitlichen Definitionen. Die erste Version der ISCED wurde um 1970 entwickelt und wurde 1997 und 2011 überarbeitet» (BFS, 2015: 1). Diese Standardklassifikation liegt auch dem Bildungsbericht der OECD zugrunde.

verankertes Mandat» (Jost, 2016: 120). Dieses Mandat wurde in der Bundesverfassung von 1999 in Art. 65 festgehalten, womit der Bund «formell den Auftrag» erhielt, «statistische Daten zu den wichtigsten gesellschaftlichen und wirtschaftlichen Bereichen zu erheben» (ebd.). Die Annahme der Bundesverfassung «war ein grosser Schritt hin zu einem neuen konzeptuellen, institutionellen und rechtlichen Rahmen, der die öffentliche Statistik als Allgemeingut der Gesellschaft festlegte. Die schweizerische Statistik gewann damit sowohl im Innern wie im Ausland an Profil und Sichtbarkeit» (ebd.: 121). Mit der Etablierung einer solchen öffentlichen Statistik ging eine Revision der alten partiellen und segmentierten Statistik durch ein neues statistisches Informationssystem einher, was «nach neuen wissenschaftlichen Methoden und nach kompetenten Spezialisten der modernen Informations- und Kommunikationstechniken» verlangte (ebd.: 111).[23] Die öffentliche Statistik sollte «sowohl in der Form wie im Inhalt auf einem multidimensionalen Informationssystem beruh[en] und möglichst kohärente und wirklichkeitsnahe Bilder der sozialen Realität liefer[n], die jedermann verständlich und zugänglich sind» (ebd.).[24] Der Arbeitsbereich der öffentlichen Statistik erstreckt sich von der Datensammlung bis zur Information. Mit Art. 9 BstatG von 1992 wird der Auftrag festgehalten, für jede Legislaturperiode ein statistisches Mehrjahresprogramm zu erstellen (vgl. BstatG, 1992).[25] In diesem Programm wird der

23 Eine Massnahme war die «Einführung neuer Verfahren der Inferenzstatistik und der Datenanalyse» (Jost, 2016: 111).

24 Das Bundesamt für Statistik beschreibt den Auftrag der öffentlichen Statistik wie folgt: «Informationen werden in unserer zunehmend komplexen Welt immer zentraler – für die Orientierung, für den Entscheidungsprozess und für den planenden Blick in die Zukunft. Informationen prägen die Qualität der Handlungen. Bei Entscheiden in der Politik – sei es in Parlamenten, Exekutiven oder bei Abstimmungen –, in der Wirtschaft, ja im Alltag haben die statistischen Informationen heute einen wichtigen Platz. Statistik ist zu einem Transparenz stiftenden Element in gesellschaftlichen und politischen Auseinandersetzungen geworden […], die nötigen statistischen Informationen müssen auf wissenschaftlichen Grundlagen und fachlich unabhängig, effizient und in guter Qualität hergestellt werden, sie müssen aktuell vorliegen und leicht zugänglich sein» (BFS, 2009: 5).

25 Mit dem neuen statistischen Informationssystem –, «damit wurden die verschiedenen Bereiche (wirtschaftliche, soziale etc.) und die statistischen Systeme (Mikro- und Makroinformationen, nationale und internationale Normen) dichter untereinander verbunden» (Jost, 2016: 146) –, und der zunehmenden Komplexität sind, wie bereits erwähnt, «soge-

gesellschaftliche Bedarfsnachweis geführt.[26] Im Prozess der Produktion statistischer Information «ist eine klare Trennung der Aufgaben zwischen den Auftraggebern und den weiteren Stakeholdern sowie der öffentlichen Statistik» notwendig (BFS, 2020: 9). Informationsbedürfnisse werden «im gemeinsamen Dialog» bestimmt, «darauf erfolgt in der alleinigen Verantwortung der öffentlichen Statistik die Wahl der Methoden und die Durchführung der statistischen Arbeiten» (ebd.). Je nach Informationsziel kommen unterschiedliche Verfahrensweisen der Datenerfassung, -aufbereitung sowie -analyse zum Einsatz.[27] Am Ende des Prozesses «erfolgt die Verbreitung in unterschiedlicher Form und auf den verschiedensten Kanälen: als umfangreiche Tabellen oder als aussagekräftige Indikatoren, versehen mit Textkommentaren oder visuellen Darstellungen wie Grafiken und Karten, als gedruckte Dokumente oder in elektronischer Form, über die Massenmedien oder online im Internet, standardmässig oder auf spezielle Kundenbedürfnisse zugeschnitten» (BFS, 2009: 16). Wie bereits erläutert, erfolgt die statistische Informationstätigkeit im Rahmen eines öffentlichen Auftrages, «die statistischen Ergebnisse müssen – so schreibt es das Bundesstatistikgesetz vor – für die Öffentlichkeit

nannte Indikatoren» geschaffen worden (ebd.: 122). Durch diese Neuerungen «hat sich die öffentliche Statistik der Politik genähert und deren Probleme und Anliegen aufgenommen. So bemühte sie sich, genügend Informationen im Bereich der Bildung, der Gesundheit, der Umwelt und der Wirtschaft bereitzustellen» (ebd.: 123). Durch das statistische Mehrjahresprogramm wurde die öffentliche Statistik «zu einer strategischen Ressource der Politik des Bundesstaates» (ebd.: 124). Allerdings ist relativierend anzumerken, dass «eine systematische Anbindung von Politik und Verwaltung an ein statistisches Monitoring» bisher nicht realisiert wurde (ebd.: 147; vgl. auch Kapitel 3.1 dieser Studie).

26 Vgl. für die aktuelle Legislaturperiode das Statistische Mehrjahresprogramm des Bundes 2020–2023.

27 Die Quellen der Informationen sind vielfältig, das BFS führt sowohl direkte Erhebungen durch, im Organ Fedestat sind «die Statistikproduzenten der Bundesverwaltung und nationaler Institutionen wie der ETHZ und der EPFL» zusammengefasst (Jost, 2016: 117). Zudem gibt es das Regiostat, «eine für die Zusammenarbeit und die Koordination der Kantone und Städte verantwortliches Gremium» (ebd.). International kooperiert das BFS mit verschiedenen Organisationen, etwa mit den Vereinten Nationen (UNO), der Europäischen Union (EU), der Organisation für wirtschaftliche Zusammenarbeit und Entwicklung (OECD) sowie dem Internationalen Währungsfonds (IWF) (vgl. BFS, 2018: 22).

leicht zugänglich sein, z. B. in den Massenmedien, im Internet oder in der Bibliothek des Bundesamtes für Statistik (BFS)» (ebd.: 17).

Im Rahmen dieser Entwicklung der öffentlichen Statistik kann auch die «totale Neufassung des *Statistischen Jahrbuchs der Schweiz*» (Jost, 2016: 113; Hervorhebung im Original) gesehen werden. Das «gedruckte Standardwerk der Schweizer Statistik» (BFS, 2018: 25) wurde 2001 in vollständig überarbeiteter Form veröffentlicht. Alle darin enthaltenen Bereiche sollten gleich behandelt werden, dies kommt durch eine Vereinheitlichung der einzelnen Themenbereiche zum Ausdruck. Jedes Hauptkapitel ist «in die vier Bereiche Überblick, Erhebungen und Quellen, Glossar sowie Daten unterteilt: Der Überblick gibt in Textform Auskunft über die wichtigsten Entwicklungen in den letzten Jahren, für welche Daten zur Verfügung stehen. Er ist zusätzlich ausgestattet mit farbigen Grafiken in Linien-, Säulen- und Kuchenform und liefert damit eine verständliche, leserfreundliche Darlegung der Zahlen. Die Seiten über Erhebungen und Quellen sowie das Glossar erläutern die Methoden und besondere Begriffe der Kategorie. Die eigentlichen Daten sind schliesslich in einem vierten Teil tabellarisch und übersichtlich aufgeführt» (BFS, 2018: 19 f.). Im *SJ* finden sich also zwar nach wie vor Tabellen, aber «die neu eingeführten Analysen, Kommentare, Interpretationen und – vor allem – Grafiken nehmen [inzwischen] einen zentralen Platz ein» (Jost, 2016: 113). Mit dieser Vereinheitlichung sollte sichergestellt werden, dass jeder Bereich «ein gleichwertiges Teilstück des statistischen Informationssystems» darstellt (ebd.: 112). Die im *SJ* bereitgestellten resp. veröffentlichten statistischen Informationen sollen «neutral gehalten»[28] sein und «können von allen Seiten aus Politik, Wirtschaft und Gesellschaft konsultiert und genutzt werden» (BFS, 2018: 21). Damit «erreich[en] sie unterschiedliche Zielgruppen, sowohl in der Öffentlichkeit als auch in der Verwaltung» (ebd.).

Durch alle Jahrgänge des *SJ* zieht sich auch die Berücksichtigung des Bereichs *Bildung*, wenn auch, wie bereits angesprochen, durch abweichende Priorisierung sowie Ausdifferenzierung. Im bereits erwähnten Rahmen der Entwicklung der öffentlichen Statistik «wurde auch für den Bildungsbereich ein integriertes Statistiksystem realisiert» (BFS, 2020: 34), welches «Personen

28 Das BFS schreibt explizit, dass die Bundesstatistik die Aufgabe übernimmt, «Informationen zu produzieren», aber für «die Interpretation und die daraus abgeleiteten Handlungen nicht verantwortlich» zeichnet (BFS, 2018: 21).

in Aus- und Weiterbildung, die erreichten Bildungsabschlüsse, die Bildungsinstitutionen und ihr Personal sowie die Finanzen und Kosten des Bildungswesens» umfasst (ebd.). Ergänzt werden diese Grundinformationen durch «übergreifende Verlaufsanalysen, Szenarien zum gesamten Bildungssystem, Direkterhebungen bei Studierenden und bei Absolventinnen und Absolventen der Hochschulen und der höheren Berufsbildung, zu den Kompetenzen der Erwachsenen sowie durch ein Indikatorensystem für den Bildungsbereich» (ebd.). Im *SJ* wird die Bildungsstatistik zusammen mit der Statistik Forschung und Entwicklung (F+E) in einem Hauptkapitel geführt.

Mit dieser historischen Vergewisserung und Kontextualisierung wird das *SJ* als berichtende Form mit Bezug auf Bildung erkennbar. Im Kontext der Genese des Bundesstaates und der öffentlichen Statistik wird ausgehend von einem heute verfassungsrechtlich festgehaltenen öffentlichen Auftrag jährlich ein Bericht für unterschiedliche Instanzen bereitgestellt und veröffentlicht, in welchem seit dem 19. Jahrhundert und dem verstärkten Fokus statistischer Arbeiten auf die Leistungsfähigkeit und den Zivilisationsgrad eines Staates *Bildung* ein konstanter Themenbereich ist.[29] Der Bericht soll Informationen dazu liefern, «wie wir in unserem Land leben, was unsere Lebensumstände sind und gibt uns so eine Grundlage, über die Zukunft nachzudenken» (BFS, 2018: 12). Damit «kann und soll» die öffentliche Statistik «ein Instrument sein, das tragfähige Entscheidungen erlaubt» (ebd.: 21). Von solchen Aussagen her wird auch ein umfassender (Ein-)Ordnungsanspruch des *SJ* in Bezug auf Bildung erkennbar. Die sog. Bildungsstatistik ermittelt anhand mittlerweile international abgestimmter Klassifikationen resp. eines statistischen Informationssystems Daten über *Bildung* in der Schweiz und bringt diese u. a. im *SJ* zur Darstellung. Nach dem *Gesetz der grossen Zahl* wird von Einzelfällen abstrahiert, damit eine *Lesbarkeit von aussen* überhaupt möglich ist: Die so erzeugte Ordnung des Wissens kann zirkulieren, d. h. von unterschiedlichen Instanzen genutzt werden (bspw. Verwaltung, Politik, Öffentlichkeit). Ein signifikantes Problem des *SJ* – wie eines jeden Berichts – besteht in der gewollten und geregelten Selektivität: Was resp. welche Daten/Darstellung von Daten wird/werden wie und wozu in eine berichtete Ordnung gebracht? Dieses Problem wird in einem nächsten Schritt anhand der Ausgabe des *SJ* (128. Jahrgang), welche am 26. März 2021 im NZZ-Libro Verlag erschienen ist,

29 *Bildung* ist also u. a. eingebettet in einen staatlichen, verwaltenden Kontext.

genauer analysiert. Der Fokus der Analyse liegt dabei auf Kapitel 15, dort auf dem Teilbereich *Bildung*. In Kapitel 2.2 wird die berichtete Ordnung beschrieben, damit in Kapitel 2.3 eine Reflexion auf die Funktion dieser berichtenden Form mit Bezug auf Bildung möglich wird. In Kapitel 2.4 wird eine Bilanzierung der Ergebnisse vorgenommen.

2.2 Ordnung Statistisches Jahrbuch BFS

Das *Statistische Jahrbuch der Schweiz* von 2021 ist in einundzwanzig Hauptkapitel eingeteilt, wobei Kapitel 15 *Bildung und Wissenschaft* betrifft.[30] Die Kapitel haben ihre Entsprechung in den einundzwanzig Themenbereichen der Statistik Schweiz.[31] Das Hauptkapitel *Bildung und Wissenschaft* ist nach *Arbeit und Erwerb*, *Bevölkerung* und *Soziale Sicherheit* eines der umfassendsten. *Bildung und Wissenschaft* ist, wie die anderen Hauptkapitel, in die vier Teile *Überblick*, *Erhebungen*, *Quellen*, *Glossar* sowie *Daten* gegliedert. Der vierte Teil *Daten* ist gemäss Inhaltsübersicht weiter unterteilt in:

- Personen in Ausbildung,
- Bildungsabschlüsse,
- Personal von Bildungsinstitutionen,
- Bildungsfinanzen,
- Weiterbildung,
- Bildungsstand und Kompetenzen,
- Szenarien für das Bildungssystem,
- Übertritte und Verläufe,
- Wissenschaft und Technologie.

Im *SJ* von 2021 folgt nach der Inhaltsübersicht und dem Vorwort des aktuellen Direktors des Bundesamtes für Statistik eine Einleitung, in welcher im ersten Teil das Konzept des Statistischen Jahrbuchs der Schweiz erläutert wird: Zunächst werden die Ziele des Jahrbuchs dargelegt, es «fasst die wichtigsten statistischen Ergebnisse über den Zustand und die Entwicklung von Bevölke-

30 Die französische Übersetzung lautet *éducation et science*.

31 Vgl. https://www.bfs.admin.ch/ [12.08.2023]

rung, Wirtschaft, Gesellschaft, Bildung, Gesundheit, Raum und Umwelt des Landes zusammen» (BFS, 2021: 11). Anschliessend folgen weitere konzeptionelle Hinweise (bspw. zum Aufbau des Jahrbuchs). Der zweite Teil der Einleitung stellt eine Gebrauchsanweisung zur Verfügung und erklärt Zeichen sowie Nomenklaturen.

Wie jedes Hauptkapitel beginnt auch *Bildung und Wissenschaft* mit einer einseitigen Infografik (vgl. Abb. 1). Diese ist in fünf Bereiche geteilt:

- *Anzahl Personen in Ausbildung*, in Tausend,
- *Anzahl Lehrkräfte 2018/19*, in Tausend,
- *Anzahl Bildungsabschlüsse*, in Tausend,
- *Bezifferung der öffentlichen Bildungsausgaben 2018* in CHF sowie prozentualer Anteil am Bruttoinlandprodukt,
- *Bezifferung der Aufwendungen Forschung und Entwicklung 2017* in der Schweiz in CHF sowie prozentualer Anteil der Privatwirtschaft. Zusätzlich wird die Anzahl Forschung und Entwicklung-Personal der Privatwirtschaft angegeben.

Der erste Teil *Überblick* besteht überwiegend aus satzförmigen Teilen. Ergänzt wird er durch eine Tabelle und zwölf Grafiken. Der Text ist in einundzwanzig Abschnitte unterteilt, welche allgemeinere (bspw. Bildungswesen in einem föderalistischen Land) und spezifischere (bspw. zu den Bildungsausgaben, zur Dauer der obligatorischen Schule) Auskünfte sowie aktuelle Entwicklungen (bspw. Maturitätsquote, Expansion des Hochschulbereichs, geschlechtsspezifische Bildungsunterschiede) hervorheben. Die Auskünfte stützen sich dabei auf statistische Daten.

Im zweiten Teil *Erhebungen, Quellen* sind die wichtigsten Erhebungen und Quellen im Bereich Bildung und Wissenschaft tabellarisch gelistet. Methodisch überwiegt die Vollerhebung, daneben finden sich Synthesestatistiken sowie Stichprobenerhebungen. Immer ist das BFS für die Erhebungen (mit-)verantwortlich. Die Erhebungen werden jährlich bis alle fünf Jahre durchgeführt. Häufige Analyseeinheiten sind *Personen*, *Abschlüsse*, *Aufwendungen* und *Kosten*. Ausnahmslos handelt es sich um gesamtschweizerische Erhebungen, häufig untergliedert in Kantone, teilweise in weitere administrative Einheiten (bspw. Grossregionen, Sprachregionen, Gemeinden) (vgl. Abb. 2).

Abbildung 1: Infografik *Bildung und Wissenschaft* (BFS, 2021: 397)

Erhebungen, Quellen

Enquêtes, sources

Die wichtigsten Erhebungen und Quellen im Bereich Bildung und Wissenschaft **M 15**

Erhebung/Statistik	Verantwortliche Stelle	Periodizität	Seit	Methode	Analyseeinheit	Regionale Gliederung
Lernende (Schüler/innen und Studierende, Schul- und Berufsbildung) (SDL)	Kantone, BFS	Jährlich	1977[1]	Vollerhebung, Bestandeserhebung, Individual- und Gruppendaten	Lernende	Schweiz, Kantone
Schulpersonal (SSP)	Kantone, BFS	Jährlich	1993	Vollerhebung, Bestandeserhebung	Personen, Aktivitäten, Vollzeitäquivalente	Schweiz, Kantone
Öffentliche Bildungsausgaben (ÖBA)	Gemeinden, Kantone, BFS	Jährlich	1990	Synthesestatistik der EFV	Rechnungsergebnisse von Bund, Kantonen (inkl. Konkordate), Gemeinden und Sozialversicherungen	Schweiz
Bildungsabschlüsse (Sekundarstufe II und Höhere Berufsbildung) (SBA)	Kantone, SBFI, BFS	Jährlich	1970[2]	Vollerhebung, Bestandeserhebung, Individual- und Gruppendaten	Prüfungskandidaten/-innen, Abschlüsse	Schweiz, Kantone
Berufliche Grundbildung (inkl. Qualifikationsverfahren) (SBG-SFPI)	Kant. Berufsbildungsämter, BFS	Jährlich	1934[2]	Vollerhebung, Bestandeserhebung, Individual- und Gruppendaten	Lernende, Abschlüsse	Schweiz, Kantone (Lehrbetriebsstandort)
Erhebung zur höheren Berufsbildung (eHBB)	BFS	Alle 2 Jahre	2017	Vollerhebung im Panel-Design. Online-Befragung	Kandidat/innen für einen eidg. Fachausweis, ein eidg. Diplom und ein Diplom der höheren Fachschule	Schweiz
Bildungsperspektiven	BFS	Alle 2 Jahre	2002	Synthesestatistik	Lernende, Studierende, Abschlüsse, Lehrkörper, Bildungsniveau	Schweiz, Kantone, Grossregionen
Längsschnittanalysen im Bildungsbereich (LABB)	BFS	Jährlich	2015	Synthesestatistik	Lernende, Studierende, Abschlüsse, Lehrkörper	Schweiz, Kantone, Sprachregionen
Mikrozensus Aus- und Weiterbildung (MZB)	BFS	Alle 5 Jahre	2011	Stichprobenerhebung. Ab 2021: Mixed Mode mit computergestützter Online- (CAWI) und Telefonbefragung (CATI) (2011, 2016: nur CATI). Stichprobe 10 000 Personen	Personen	Schweiz, Sprachregionen, Grossregionen
Studierende und Abschlüsse der Hochschulen (SHIS-studex)	BFS, Hochschulen	Jährlich	1974[1]	Vollerhebung	Studierende und Abschlüsse der Hochschulen	Schweiz
Hochschulabsolventenstudien (EHA)	BFS	Alle 2 Jahre	2001	Vollerhebung im Panel-Design. Online-Befragung	Absolvent/innen der universitären Hochschulen, Fachhochschulen und pädagogischen Hochschulen	Schweiz, Ausland, Grossregionen
Soziale und wirtschaftliche Lage der Studierenden (SSEE)	BFS	Alle 4 Jahre	2005	Onlinebefragung auf der Basis einer Stichprobe	Studierende der universitären Hochschulen, Fachhochschulen und pädagogischen Hochschulen	Schweiz
Kantonale Stipendien und Darlehen (STIP)	BFS, IKSK, SBFI	Jährlich	2004	Vollerhebung	Stipendien- und Darlehenbezügerinnen und -bezüger, Ausbildungsbeiträge	Schweiz, Kantone
Bildungsinstitutionen (SBI)	BFS	Jährlich	2010/11	Vollerhebung	Schulen	Schweiz, Kantone, Gemeinden
Hochschulfinanzen (SHIS-FIN)	BFS, SBFI, Hochschulen	Jährlich	2008[3]	Vollerhebungen (Universitäre Hochschulen UH, Fachhochschulen FH, pädagogische Hochschulen PH)	Aufwand, Kosten	Schweiz
Hochschulpersonal (SHIS-PERS)	BFS, Hochschulen	Jährlich	UH: 1980; FH: 2000; PH: 2005[3]	Vollerhebungen (Universitäre Hochschulen UH, Fachhochschulen FH, pädagogische Hochschulen PH)	Personen und Vollzeitäquivalente	Schweiz
F+E in der Privatwirtschaft	BFS, economiesuisse	Alle 2 Jahre	1992[4]	Stichprobenerhebung	Aufwendungen, Personal	Schweiz, Grossregionen
F+E in den Hochschulen	BFS	Alle 2 Jahre	1992[4]	Vollerhebungen bei Institutionen	Aufwendungen, Personal	Schweiz, Kantone mit Hochschulen
F+E beim Bund	BFS	Alle 2 Jahre	1986[4]	Vollerhebung	Aufwendungen, Personal	Schweiz

1 Die erhobenen Daten sind ab 1980 verfügbar.
2 Erste Erhebung (BIGA). Ab 1984 bei BFS, ab 1994 sind die nicht BBG-reglementierten Bildungstypen integriert.
3 Erhebungen gab es schon früher. Ab dem angegebenen Jahr können für alle Hochschultypen Zeitreihen erstellt werden.
4 Erhebungen gab es schon früher. Ab dem angegebenen Jahr können Zeitreihen erstellt werden.

15 BILDUNG UND WISSENSCHAFT OFS • ANNUAIRE STATISTIQUE 2021

Abbildung 2: Übersichtstabelle *Erhebungen, Quellen* M 15 (BFS, 2021: 406)

In Teil drei, *Glossar* werden einige Begriffe der Kategorie Bildung und Wissenschaft gelistet und kurz erläutert:

- Bildungssystem,
- Forschung und Entwicklung (F&E),
- ISCED,
- Obligatorische Schule,
- Personen und Vollzeitäquivalente (VZÄ),
- Sekundarstufe II,
- Technologische Zahlungsbilanz (TZB),
- Tertiärstufe,
- Triadische Patentfamilien.

Im Anschluss folgt eine Grafik *Das Bildungssystem der Schweiz (vereinfacht)*. Das Bildungssystem Schweiz wird dort in Adaption zum ISCED-Klassifikationsschema 2011 der UNESCO dargestellt, also nach Bildungsstufen und -typen sowie nach den Bildungsabschlüssen (vgl. Abb. 3).

Der mit neunzehn Seiten umfangreichste Teil *Daten* schliesst das Hauptkapitel *Bildung und Wissenschaft* ab. Er enthält ausschliesslich Tabellen, fünfundzwanzig an der Zahl, unterteilt in die im Inhaltsverzeichnis gelisteten Bereiche (vgl. oben), wobei zu Beginn eine Tabelle *Übersicht* platziert ist. Die Beschreibungen in Tabellenform liegen als Produkte von Zählungen (Zählmasse) und Berechnungen (Quotienten) vor.

Die Tabelle im Bereich *Übersicht* zeigt *Ausgewählte Bildungsindikatoren im internationalen Vergleich* von 2018 an (vgl. Abb. 4).

Der Bereich *Personen in Ausbildungen* enthält eine Übersichtstabelle für 2018/19 mit den Lernenden nach Bildungsstufe und Bildungstyp. Weiter wird in einer Tabelle die Entwicklung der Lernenden nach Bildungsstufe und Bildungstyp über die letzten Jahre beschrieben. Dabei werden von der Gesamtheit prozentuale Anteile von Frauen und Ausländern/Ausländerinnen unterschieden. Spezifisch geordnet werden in weiteren Tabellen die Lernenden auf der Sekundarstufe II sowie der Tertiärstufe (in der beruflichen Grundbildung nach Ausbildungsfeld und Ausbildungsform; in den allgemeinbildenden Ausbildungen und der Berufsmaturität nach Bildungstyp; in der höheren Berufsbildung nach Bildungstyp und Ausbildungsfeld; an universitären Hochschulen nach Fachbereich). Abgeschlossen wird der Bereich mit

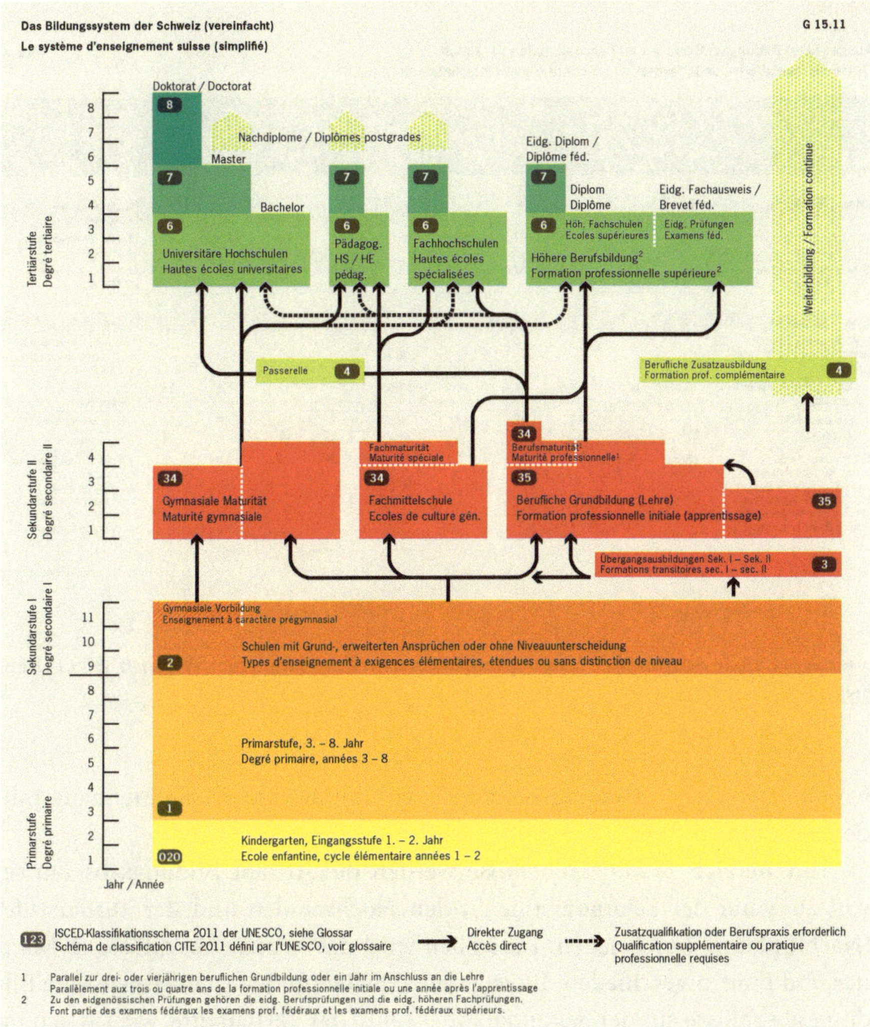

Abbildung 3: Grafik *Das Bildungssystem der Schweiz (vereinfacht)* G 15.11 (BFS, 2021: 410)

einer Tabelle zur sozialen und wirtschaftlichen Lage der Studierenden nach Hochschultyp. Dabei wird durch Angaben in Prozent weiter differenziert in folgende Kategorien: Mindestens ein Elternteil mit Hochschulabschluss, Studierende mit Migrationshintergrund, Studierende mit Kindern, wohnt bei den Eltern, übt eine Erwerbstätigkeit aus, erhält finanzielle Unterstützung von der

Übersicht
Survol

Ausgewählte Bildungsindikatoren im internationalen Vergleich. 2018 **T 15.1**
Quelques indicateurs de la formation en comparaison internationale. En 2018

	Schweiz / Suisse	Deutschland / Allemagne	Frankreich / France	Italien / Italie	Österreich / Autriche	Niederlande / Pays-Bas	Schweden / Suède	Vereinigtes Königreich / Royaume-Uni	Dänemark / Danemark	OECD Mittel / OCDE (moyenne)	
Bildungsbeteiligung											**Participation à la formation**
Schulbesuchsquoten der 15–19-Jährigen	84,9	86,4	87,0	85,3	78,8	92,5	89,7	83,3	86,3	84,1	Taux de scolarisation des 15 à 19 ans
Schulbesuchsquoten der 20–24-Jährigen	40,1	49,3	38,2	37,4	35,0	53,3	45,3	31,5	53,1	41,5	Taux de scolarisation des 20 à 24 ans
Output, Wirkungen											**Output, effets**
Höchste abgeschlossene Ausbildung der 25–34-Jährigen (in %)[1]											Plus haute formation achevée des personnes âgées de 25 à 34 ans (en %)[1]
Ohne postobligatorische Ausbildung	7,1	13,0	13,0	24,1	11,1	12,9	17,3	15,1	17,4	15,0	Sans formation postobligatoire
Sekundarstufe II	41,7	54,7	40,1	48,1	48,4	39,5	35,2	34,2	37,8	41,1	Degré secondaire II
Tertiärstufe	51,2	32,3	46,9	27,7	40,5	47,6	47,5	50,8	44,8	44,3	Degré tertiaire
Durchschnittliche Jahreserwerbseinkommen (Vollzeit) der 25–64-jährigen Frauen in % derjenigen von gleichaltrigen Männern (mit Abschluss auf Tertiärstufe)[2]	78,9	74,2	72,3	68,3	71,7	77,2	78,5	77,1	75,8	75,0	Revenus du travail annuels moyens des femmes âgées de 25 à 64 ans en % de ceux des hommes d'âge correspondant pour un niveau de formation tertiaire (à temps plein)[2]

1 Angaben 2019
2 Angaben 2016 für Frankreich und Italien

Quelle: OECD

1 Données de 2019
2 Données de 2016 pour la France et l'Italie

Source: OCDE

Abbildung 4: Tabelle *Ausgewählte Bildungsindikatoren im internationalen Vergleich* T 15.1 (BFS, 2021: 411)

Familie, bezieht Ausbildungsbeiträge, hat Schulden im Zusammenhang mit dem Studium.

Im Bereich *Bildungsabschlüsse* werden die Anzahl Bildungsabschlüsse von 2019 auf der Sekundarstufe II, den Hochschulen und der Tertiärstufe (Nachdiplome) beschrieben. Zusätzlich wird die Anzahl Abschlüsse in Männer und Frauen geschieden. In weiteren Tabellen finden sich ausgewählte Bildungsabschlüsse auf der Sekundarstufe II und der Tertiärstufe, wie sie sich in den letzten Jahren entwickelt haben, eine Unterteilung der Abschlüsse der höheren Berufsbildung mit den Ordnungsmomenten *Bildungstyp* sowie *Ausbildungsfeld* und Bildungsabschlüsse nach Fachbereichsgruppe an universitären Hochschulen sowie an Fachhochschulen (inkl. Pädagogische Hochschulen PH).

Unter *Personal von Bildungsinstitutionen* werden zunächst die Anzahl Lehrkräfte sowie der jeweilig prozentuale Anteil von Frauen und Ausländern/Ausländerinnen nach Bildungsstufe (2018/19) und des Hochschulpersonals dargestellt. In zwei weiteren Tabellen werden die Anzahlen des Personals nach Fachbereichsgruppen (universitäre Hochschulen) sowie Fachbereichen (Fachhochschulen und Pädagogischen Hochschulen) beschrieben.

Von Interesse sind im Bereich *Bildungsfinanzen* zunächst die öffentlichen Bildungsausgaben nach Bildungsstufe, Ausgabenart und Verwaltungsebene (Bund, Kantone, Gemeinden) von 2018, zudem wird in einer Tabelle die Entwicklung der öffentlichen Bildungsausgaben nach Verwaltungsebene beschrieben.

Die beiden Bereiche *Weiterbildung* und *Bildungsstand und Kompetenzen* enthalten jeweils eine Tabelle: Einerseits die Beteiligungsquote an nichtformalen Weiterbildungsaktivitäten von 2016 in Prozent. Das Ordnungsmoment ist dabei die Wohnbevölkerung im Alter von 25–64 Jahren mit weiteren Unterteilungen (Geschlecht, Bildungsniveau, Sprachregion, Herkunft, Arbeitsmarktstatus; Orientierung: beruflich, allgemein). Andererseits wird der Bildungsstand (höchste abgeschlossen Ausbildung) der Wohnbevölkerung nach Alter und Geschlecht von 2019 in Prozent angegeben. Ordnungsmoment sind dabei die Bildungsstufen, wiederum mit einer Unterteilung nach Geschlecht.

Unter *Szenarien für das Bildungssystem* werden in einer Tabelle Szenarien für die Jahre 2020–2029 von erhobenen (2016–2018) und erwarteten (2019, 2020, 2021, 2024, 2029) Beständen (Lernende, Studierende, Abschlüsse) beschrieben. Ordnungsmoment sind wieder die Bildungsstufen.

Der Bereich *Übertritte und Verläufe* stellt anhand einer Tabelle die berufliche Situation der Hochschulabsolventen 2018 dar. Ordnungsmomente sind die Bildungsstufe (Tertiärstufe: Universitäre Hochschulen, Fachhochschulen und Pädagogische Hochschulen) sowie die Erwerbslosenquote, das standardisierte Bruttoerwerbseinkommen und die angemessene Qualifikation.

Unter *Wissenschaft und Technologie* finden sich zwei Tabellen (F+E Personal nach Sektor und Tätigkeit und Intramuros-F+E-Aufwendungen nach Sektor in Millionen Franken zu laufenden Preisen).

2.3 Reflexion Funktion Statistisches Jahrbuch BFS

Die im Kapitel *Bildung und Wissenschaft* des Statistischen Jahrbuchs unter *Bildung* berichteten Daten sollen statistische Informationen zum *Bildungswesen* resp. zum *Bildungssystem* der Schweiz liefern. Genauer: Es geht um Informationen zu den kantonalen Bildungssystemen, die zu Statistikzwecken auf gesamtschweizerischer Ebene zusammengeführt resp. aggregiert werden. Die Ordnungsform, anhand derer Elemente des Bildungswesens nach gemeinsamen Charakteren zusammengestellt werden, bildet eine Klassifikation in Anlehnung an die *International Classification of Education (ISCED)*. Diese «is designed to serve as a framework to classify educational activities as defined in programmes and the resulting qualifications into internationally agreed categories» (UIS, 2012: 6). Das sog. nationale Ausbildungsprogramm resp. die Ausbildungsgänge und die damit zusammenhängenden Qualifikationen bilden somit «the basic units of classification» (ebd.: 7; vgl. BFS, 2021: 408; 410); die «classification of education programmes determines the reporting of statistics on education systems, e.g. enrolment, entrants, teachers and other human and financial resources» (UIS, 2012: 8).[32] Die auf der *ISCED 2011* basierende Klassifikation umfasst «formal and non-formal education programmes offered at any stage of a person's life» (ebd.: 11).[33] Die Ausbildungsgänge werden im *SJ* anhand eines Ziffernsystems von 0 bis 8 strukturiert, beginnend mit dem Eintritt in die erste Bildungsstufe (Kindergarten, Eingangsstufe 1.–2. Jahr; Ziffern 020) bis zum Abschluss der letzten Bildungsstufe (Doktorat; Ziffer 8). Innerhalb der Bildungsstufen erfolgt eine weitere Ausdifferenzierung nach Bildungsprogramm resp. Bildungstyp (vgl. BFS, 2021: 410).

Die Kategorien resp. interessierenden Aspekte des Bildungswesens finden sich im *SJ* im vierten Teil *Daten* (vgl. Kapitel 2.2). Dort wird das *framework* resp. das statistische Informationssystem sichtbar, innerhalb dessen *education* resp. *Bildung* klassifiziert wird. Da sich eine Bildungsstatistik nur auf «beobachtbare Sachverhalte beziehen kann» (Eckert, 2018: 718), werden sog. «subjektive Komponente[n] des Erlebens, Verstehens oder Erschließens» (ebd.) – die eben nicht zu personenübergreifenden, allgemeinen Aussagen

32 Dabei zeigt sich die Gliederung der statistischen Angaben in Ausbildungsprogramme und -abschlüsse in «vertikaler Perspektive» (Eckert, 2018: 721), die Gliederung nach menschlichen und finanziellen Ressourcen in «horizontaler Perspektive» (ebd.).

33 «Formal education is education that is institutionalized, intentional and planned through public organizations and recognised private bodies, and – in their totality – constitutes the formal education system of a country» (UIS, 2012: 11). «Like formal education (but unlike informal, incidental or random learning), non-formal education is education that is institutionalized, intentional and planned by an education provider. The defining characteristic of non-formal education is that it is an addition, alternative and/or complement to formal education within the process of lifelong learning of individuals» (ebd.).

aggregierbar sind – ausgeschlossen.[34] Die Kategorien beziehen sich etwa auf «Voraussetzungen» (ebd.) wie bspw. *Personal von Bildungsinstitutionen*, «Bildungsprozesse» (ebd.) wie bspw. *Personen in Ausbildung* oder «Angaben zu Ergebnissen von Bildungsprozessen» (ebd.) wie bspw. *Bildungsabschlüsse.*[35] So ist die *ISCED 2011* «mostly applied to statistics on participants, entrants, graduates and educational attainment», wobei sie «does not define in detail the coverage of data collections or how to make statistical units operational» (UIS, 2012: 19). Die Codierung, d. h. die Regeln der Kombinierung und Anknüpfung der Zeichen, besteht einerseits in der Zuordnung von Einzelfällen zu Kategorien resp. Sub-Kategorien sowie andererseits in der Transformation in diagrammatische Relationen aus Zeilen und Spalten: Datentypen (Statistiken resp. Erhebungen, bspw. über Studierende und Abschlüsse der Hochschulen (SHIS-studex), vgl. BFS, 2021: 406) werden durch Nomenklaturen in eine Datenstruktur in tabellarischer Form transformiert. Die ins Auge gefasste Gesamtheit (*Bildungswesen* Schweiz) wird also im *SJ* durch eine Kategorisierung in Anlehnung an die *ISCED 2011* konstituiert: Diese gliedert das untersuchte Gebiet; man kann auch sagen: Die Division endet bei bestimmten und damit selektiven Kategorien, welche von nationalstaatlicher Relevanz sind.

Werden die den Kategorien zugrundeliegenden Klassifikationsprinzipien resp. die Modi «klassifizierender Sinnstiftungen» (Barnard/Fourcade, 2021: 115) betrachtet, zeigt sich folgendes: Messtheoretisch ausgedrückt überwiegen kardinal klassifizierte Einheiten, d. h. sie bestehen «aus der Zählung von Elementen» (ebd.: 116). Kardinale Klassifikationen sind aggregierend. Im Gegensatz etwa zu nominalen Klassifikationen lassen sie sich leichter vergleichen, wobei «der Vergleich rein quantitativ» ist (ebd.): «Die Anwendung einer kardinalen Logik setzt deshalb voraus, dass die Zunahme (oder Abnahme) eines bestimmten Elements (eine Kumulierung des Gleichen) oder eine zunehmende (oder abnehmende) Diversität von Elementen (eine Kumulierung

34 «ISCED 2011 is not designed to directly assess the competencies of individuals because there is no direct relationship between education programmes or qualifications and actual educational achievement» (UIS, 2012: 8).

35 «Statistics on an education programme can provide information on the links between inputs (entrants into the system), the process (participation) and the output (the qualification)» (UIS, 2012: 8).

von Unterschieden) an sich schon als bedeutsam, wünschenswert und berechnungswürdig angesehen wird» (ebd.: 116 f.).

Mit Blick auf die Schriftlichkeit stellen Tabellen resp. die Kombination von Listen zu Tabellen die wesentliche Form dar. Zwar nicht redaktionell, allerdings konzeptionell, sind die satzförmigen Anteile den Tabellen nachgeordnet (vgl. auch Brosziewski, 2018: 47). Auch Grafiken auf Basis von Listen und Tabellen werden im *SJ* genutzt. Die Zahlen werden mit dem Tabellen eigenen Rasterformat zur Anschauung gebracht. Neben der *Kategorisierung* wird durch die Tabellen eben ein *quantitativer Vergleich* möglich, wobei sich diese beiden Ordnungsverfahren bedingen. Die Tabellierung ermöglicht unterschiedliche, nämlich räumliche (synchrone) und temporale (diachrone) Vergleiche. Bspw. können die Anzahl *Lernende nach Bildungsstufe und Bildungstyp innerhalb eines Jahres* (2018/19) oder die Entwicklung der Anzahl *Lernende nach Bildungsstufe und Bildungstyp über mehrere Jahre* (2009/10 bis 2018/19) verglichen werden (vgl. BFS, 2021: 412 f.). Aufgrund solcher Vergleiche sind kardinale Urteile möglich, bzw. diese Vergleiche sind informativ bezogen auf steigernde Differenzfeststellungen wie: kleiner/grösser oder mehr/weniger. Dieses Ordnungsverfahren zeigt sich im *SJ* nicht nur im vierten Teil *Daten* anhand der dort gelisteten Tabellen, sondern auch im ersten Teil *Überblick* sowohl sprachlich (narrativ) als auch bildlich (grafisch). Sprachlich finden sich etwa Aussagen wie «2018 investiert die öffentliche Hand in der Schweiz 38,9 Mrd. Fr. in die Bildung. Dies entspricht 5,4 % des Bruttoinlandprodukts (BIP) und 17,6 % der Gesamtausgaben. Die Verteilung der öffentlichen Bildungsausgaben nach Bildungsstufen zeigt, dass der *grösste Anteil* für die obligatorische Schule eingesetzt wird» (vgl. BFS, 2021: 398), oder: «Knapp zwei Drittel der Jugendlichen entscheiden sich nach der obligatorischen Schulzeit für eine berufliche Grundbildung. Sie ist mit 220 894 Lernenden *anteilsmässig der meistgewählte* nachobligatorische Bildungsweg in der Schweiz» (vgl. ebd.: 400). Ein Beispiel für einen bildlichen Vollzug dieses Ordnungsverfahrens ist die Grafik *Öffentliche Bildungsausgaben*, bei welcher diachron vergleichend eine mehr/weniger-Relation zur Anschauung gebracht wird (vgl. Abb. 5).

Neben dem als *Grundinformationen* bezeichneten, im vierten Teil zu findenden *Statistiksystem* sind im *SJ* in Ergänzung auch sog. Indikatoren sowie *Verlaufsszenarien* enthalten. Die *Ausgewählten Bildungsindikatoren* ermöglichen einen synchronen Vergleich bezogen auf steigernde Differenzfeststellungen im internationalen Vergleich (vgl. Abb. 6).

Öffentliche Bildungsausgaben **G 15.1**

Dépenses publiques d'éducation

Nominalwerte, in Mrd. Fr. / Valeurs nominales, en milliards de fr.

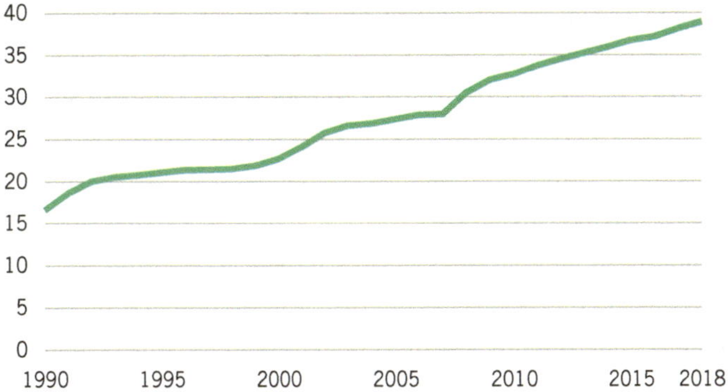

Abbildung 5: Grafik *Öffentliche Bildungsausgaben* G 15.1 (BFS, 2021: 399)

Übersicht
Survol

Ausgewählte Bildungsindikatoren im internationalen Vergleich. 2018 **T 15.1**
Quelques indicateurs de la formation en comparaison internationale. En 2018

	Schweiz Suisse	Deutschland Allemagne	Frankreich France	Italien Italie	Österreich Autriche	Niederlande Pays-Bas	Schweden Suède	Vereinigtes Königreich Royaume-Uni	Dänemark Danemark	OECD Mittel OCDE (moyenne)	
Bildungsbeteiligung											**Participation à la formation**
Schulbesuchsquoten der 15–19-Jährigen	84,9	86,4	87,0	85,3	78,8	92,5	89,7	83,3	86,3	84,1	Taux de scolarisation des 15 à 19 ans
Schulbesuchsquoten der 20–24-Jährigen	40,1	49,3	38,2	37,4	35,0	53,3	45,3	31,5	53,1	41,5	Taux de scolarisation des 20 à 24 ans
Output, Wirkungen											**Output, effets**
Höchste abgeschlossene Ausbildung der 25–34-Jährigen (in %)[1]											Plus haute formation achevée des personnes âgées de 25 à 34 ans (en %)[1]
Ohne postobligatorische Ausbildung	7,1	13,0	13,0	24,1	11,1	12,9	17,3	15,1	17,4	15,0	Sans formation postobligatoire
Sekundarstufe II	41,7	54,7	40,1	48,1	48,4	39,5	35,2	34,2	37,8	41,1	Degré secondaire II
Tertiärstufe	51,2	32,3	46,9	27,7	40,5	47,6	47,5	50,8	44,8	44,3	Degré tertiaire
Durchschnittliche Jahreserwerbseinkommen (Vollzeit) der 25–64-jährigen Frauen in % derjenigen von gleichaltrigen Männern (mit Abschluss auf Tertiärstufe)[2]	78,9	74,2	72,3	68,3	71,7	77,2	78,5	77,1	75,8	75,0	Revenus du travail annuels moyens des femmes âgées de 25 à 64 ans en % de ceux des hommes d'âge correspondant pour un niveau de formation tertiaire (à temps plein)[2]

1 Angaben 2019
2 Angaben 2016 für Frankreich und Italien

Quelle: OECD

1 Données de 2019
2 Données de 2016 pour la France et l'Italie

Source: OCDE

Abbildung 6: Tabelle *Ausgewählte Bildungsindikatoren im internationalen Vergleich. 2018* T 15.1 (BFS, 2021: 411)

Die diachronen Vergleiche im *SJ* sind nicht nur retrospektiv d. h. vergangenheitsorientiert, indem nur Bestände berichtet werden. An der Tabelle *Szenarien 2020–2029 für das Bildungssystem: Lernende, Studierende und Abschlüsse (Referenzszenario A)* zeigt sich ein prospektiver Vergleich (vgl. Abb. 7).

Wie anhand dieser Beispiele deutlich wurde, werden mit dem jährlich erscheinenden *SJ* serielle Vergleiche möglich. Diese liegen vor, wenn «wiederholt *und* regelmäßig stattfindende Vergleichsereignisse sich durch im Kern stabile Vergleichskategorien und -kriterien sowie wechselseitige Verweise miteinander verknüpfen und dadurch eine Serie zusammenhängender Vergleichsereignisse bilden» (Ringel/Werron, 2021: 308; Hervorhebung im Original). Dadurch erschliessen solche Vergleiche die «Möglichkeit, Ergebnisse von Vergleichen, die zu verschiedenen Zeitpunkten stattfinden, ihrerseits wiederholt und regelmäßig miteinander zu vergleichen und die Resultate selbst zum Thema zu machen» (ebd.: 309). So können Stabilität und Wandel sowohl mit Blick auf einzelne Vergleichseinheiten (z. B. *Lernende*) als auch Relationen zwischen verschiedenen Vergleichseinheiten (z. B. Differenzen in den *Bildungsabschlüssen* von Frauen und Männern) festgestellt werden.
Der Rückgriff auf Aspekte von Wissenschaft als *Sinnstütze* wird im *SJ* «allein schon durch die Anwendung statistischer Methoden und Regularien» plausibel (Brosziewski, 2018: 60). Das durch diese Art von *Wissenschaftlichkeit* resp. *mathesis* erzeugte Wissen kann funktional als *relationales Standortwissen* (vgl. Reichenbach, 2017: 130) charakterisiert werden. Die «*Benennung* territorialer und institutioneller Einheiten ist nicht theoriefähig», sie werden zur «Identifikation, nicht für Zwecke der Generalisierung gesetzt» (Brosziewski, 2018: 60; Hervorhebung im Original). Es geht also darum, Identität resp. *das* Bildungs*wesen* festzustellen. Im *SJ* kommt so der Bereich der deskriptiven Statistik zur Anwendung, es werden «vorhandene Gesamtheiten [resp. Populationen] in strukturierter Form» beschrieben (Augustin, 2015: 282; vgl. auch Jann, 2005: 2). Die *Wissenschaftlichkeit* des *SJ* bezieht sich auf quantitative Vergleiche von Kategorien, die aus den «institutionellen Feldern» (Brosziewski, 2018: 60) resp. aus dem «education system of a country» (UIS, 2012: 11) herausgearbeitet werden. Dies zeigt sich im *SJ* auch im dritten Teil *Glossar*, wo *besondere Begriffe* wie *Obligatorische Schule*, *Sekundarstufe II* oder *Tertiärstufe* erläutert werden (vgl. BFS, 2021: 408 f.).

Im Hinblick auf die Frage, welche normative, weil politisch gesetzte und deshalb unvermeidliche, aber auch gewollte und geregelte Selektion (etwa in

Szenarien für das Bildungssystem
Scénarios pour le système de formation

Szenarien 2020–2029 für das Bildungssystem: Lernende, Studierende und Abschlüsse (Referenzszenario A) **T 15.22**
Bestände in Tausend
Scénarios 2020–2029 pour le système de formation: élèves, étudiants et titres (scénario A de «référence»)
Effectifs en milliers

	Erhobene Bestände Effectifs relevés			Erhobene oder erwartete Bestände[1] Effectifs relevés ou attendus[1]	Erwartete Bestände (Stand: September 2018) Effectifs attendus (état: septembre 2018)				
	2016	2017	2018	2019	2020	2021	2024	2029	
Obligatorische Schule: Lernende									**Ecole obligatoire: élèves**
Primarstufe 1–2, 1. bis 2. Klasse (öffentlich und privat subventioniert)	168,9	169,9	172,5	175,6	177,5	177,9	179,6	186,9	Degré primaire 1–2, 1re à 2e année (public et privé subventionné)
Primarstufe 3–8, 3. bis 8. Klasse	481,4	488,5	495,2	502,8	508,1	512,8	523,0	540,3	Degré primaire 3–8, 3e à 8e année
Sekundarstufe I, 9. bis 11. Klasse	238,1	237,9	239,4	241,2	244,5	249,8	262,4	273,0	Degré secondaire I, 9e à 11e année
Sekundarstufe II: Lernende									**Degré secondaire II: élèves**
Übergangsausbildungen Sek.I-Sek.II	18,8	19,1	18,6	18,6	19,0	19,3	20,5	22,5	Formations transitoires sec.I-sec.II
Berufliche Grundbildung	225,4	223,7	220,9	219,5	217,5	216,5	224,5	243,5	Formation professionnelle initiale
Gymnasiale Maturitätsschulen	71,0	71,1	70,8	71,2	72,6	74,3	77,3	83,9	Ecoles de maturité gymnasiale
Fachmittel- / Fachmaturitätsschulen	18,5	19,5	20,2	20,9	21,9	22,9	24,3	26,7	Ecoles de cult. générale / de maturité spécialisée
Sekundarstufe II: Abschlüsse									**Degré secondaire II: titres**
Eidgenössische Fähigkeitszeugnisse, eidgenössische Berufsatteste und Anlehrausweise	70,1	68,8	69,1	68,0	67,6	66,7	66,0	72,6	Certificats fédéraux de capacité, attestations fédérales de formation professionnelle et attestations de formation élémentaire
Berufsmaturitätszeugnisse	14,4	14,3	14,2	14,5	14,8	14,7	14,9	16,7	Certificats de maturité professionnelle
Gymnasiale Maturitätszeugnisse	18,6	17,9	18,8	18,9	18,7	18,2	19,8	21,5	Certificats de maturité gymnasiale
Fachmittelschulausweise	4,0	4,0	4,2	4,2	4,5	4,7	5,3	5,8	Certificats des écoles de culture générale
Fachmaturitätszeugnisse	2,7	2,8	2,8	3,1	3,2	3,2	3,8	4,2	Certificats de maturité spécialisée
Hochschulen: Studierende auf Niveau Diplom, Bachelor und Master									**Hautes écoles: étudiants de niveau diplôme, bachelor et master**
Universitäre Hochschulen (UH)	116,1	118,1	120,0	122,9	126,1	127,8	129,6	140,2	Hautes écoles universitaires (HEU)
Fachhochschulen (FH)	67,7	69,1	71,1	72,5	74,0	75,7	77,4	83,6	Hautes écoles spécialisées (HES)
Pädagogische Hochschulen (PH)	19,4	19,8	20,2	20,6	21,3	21,9	22,6	24,6	Hautes écoles pédagogiques (HEP)
Hochschulen: Gesamtzahl der Studierenden									**Hautes écoles: nombre total d'étudiants**
Universitäre Hochschulen (UH)	148,5	150,7	152,9	156,7	159,7	161,8	164,8	177,4	Hautes écoles universitaires (HEU)
Fachhochschulen (FH)	75,2	76,6	78,6	79,9	81,3	82,9	84,7	90,9	Hautes écoles spécialisées (HES)
Pädagogische Hochschulen (PH)	19,8	20,1	20,5	21,0	21,7	22,3	23,0	25,0	Hautes écoles pédagogiques (HEP)
Hochschulen: Erstabschlüsse									**Hautes écoles: premiers titres**
Universitäre Hochschulen (UH)	13,7	13,8	14,0	14,2	14,7	15,0	16,2	17,0	Hautes écoles universitaires (HEU)
Fachhochschulen (FH)	12,8	13,5	13,6	14,0	14,4	14,6	15,5	16,1	Hautes écoles spécialisées (HES)
Pädagogische Hochschulen (PH)	4,1	4,1	4,2	4,2	4,2	4,3	4,7	5,0	Hautes écoles pédagogiques (HEP)
Abschlussquote UH in %[2,3]	14,0	14,2	14,5	14,7	15,1	15,3	15,9	16,4	Taux de diplômes HEU en %[2,3]
Abschlussquote FH in %[2,3]	12,2	12,8	13,0	13,5	13,8	14,1	14,6	15,2	Taux de diplômes HES en %[2,3]
Abschlussquote PH in %[2,3]	3,9	3,9	4,0	4,0	4,0	4,2	4,4	4,7	Taux de diplômes HEP en %[2,3]
Höhere Fachschulen (HF)									**Ecoles supérieures (ES)**
Studierende auf Niveau Diplom	28,9	30,2	31,0	32,0	32,4	32,7	33,1	33,9	Etudiants de niveau diplôme
Erstabschlüsse auf Niveau Diplom	8,4	8,7	9,0	9,7	9,9	10,0	10,3	10,4	Premiers titres de niveau diplôme

Bermerkung:
Die Alternativszenarien «hoch» und «tief» weisen auf die Unsicherheiten des Szenarios «Referenz» hin.

1 Lernende der obligatorischen Schule und der Sekundarstufe II: erwartete Bestände; Abschlüsse der Sekundarstufe II, Studierende und Abschlüsse der Hochschulen: erhobene Bestände
2 Wohnbevölkerung gemäss den Tendenzen der Bevölkerungsentwicklung 2020–2029
3 Abschlüsse auf Niveau Bachelor oder Diplom

Quelle: BFS – Bildungsperspektiven
Stand: November 2020

Remarque:
Les scénarios alternatifs «haut» et «bas» donnent une mesure de l'incertitude associée au scénario «référence».

1 Elèves de l'école obligatoire et du degré secondaire II: effectifs attendus; titres du degré secondaire II, étudiants et titres des hautes écoles: effectifs relevés
2 Population résidante selon la projection tendancielle de la population 2020–2029
3 Premiers titres de niveau bachelor ou diplôme

Source: OFS – Perspectives de la formation
Etat: novembre 2020

Abbildung 7: Tabelle *Szenarien 2020–2029 für das Bildungssystem: Lernende, Studierende und Abschlüsse (Referenzszenario A)* T 15.22 (BFS, 2021: 427)

Abgrenzung zu normativen bildungsphilosophischen Ansätzen) in Bezug auf den Ordnungsbereich *Bildung* im *SJ* in Anschlag gebracht wird resp. was unter *Bildung* verstanden wird und «an welchen empirisch bestimmbaren Tatbeständen sie sich messen lässt» (Eckert, 2018: 718), zeigt sich folgendes: *Bildung* wird im Rahmen einer *Staatsaufgabe* zum Thema.[36] Der Fokus liegt auf institutionalisierter Bildung, vom Kindergarten bis zum Doktorat, wobei mit der *Weiterbildung* und den *Nachdiplomen* (vgl. BFS, 2021: 410) der Abschluss dieser institutionalisierten Bildung offen bleibt. Die in Stufen, Typen und Qualifikationen abgebildete Bildungsorganisation ist auf eine jeweilige Vorbereitung der Individuen für weitere Bildung im Bildungswesen hin angelegt. Die im *SJ* sichtbare Vorstellung der Funktionsweise des Bildungswesens bezieht sich auf Rahmenbedingungen bzw. Voraussetzungen (wie *Personal von Bildungsinstitutionen, Bildungsfinanzen*), welche Prozesse im Bildungswesen bestimmen, die wiederum zu *Bildungsabschlüssen* resp. *Output, Wirkungen* führen (vgl. BFS, 2021: 411). Die Aggregationsebene ist auf eine nationalstaatliche (und teilweise internationale) Interessenlage ausgerichtet. Dabei fällt auf, dass besonders die *Sekundarstufe II* sowie die *Tertiärstufe* von Interesse sind, dies zeigt sich an den diesbezüglich ausdifferenzierten Tabellenbeständen im vierten Teil. Die Vorstellung der Funktionsweise des Bildungswesens wird im *SJ* vorwiegend beschreibend zur Anschauung gebracht und begrenzt sich hauptsächlich auf *Grundinformationen*. Allerdings zeigen sich im Teil 1 *Überblick*, in welchem selektiv Themen aufgrund der statistischen Datenlage kommentiert werden, neben deskriptiven Aussagen einerseits auch explikative sowie andererseits normative Aussagen. So wird etwa die *Expansion des Hochschulbereichs* auf *mehrere Faktoren* zurückgeführt: «immer häufigere Übertritte an Hochschulen nach der Sekundarstufe II (insbesondere aufgrund der Entwicklung des Bildungsangebotes der FH und der PH seit Beginn der 2000er Jahre), eine zunehmende Internationalisierung der Schweizer Hochschulen mit einem steigenden Anteil ausländischer Studierender und schliesslich die Entwicklung der FH-Master-Studiengänge» (vgl. BFS, 2021: 401). Bezogen auf einen seit dem Jahr 2000 zu verzeichnenden Anstieg des Anteils

36 «In der Schweiz ist das Bildungswesen von der obligatorischen Schule bis zur Tertiärstufe (Hochschulen und höhere Berufsbildung) eine Staatsaufgabe, deren Verantwortung in erster Linie den 26 Kantonen obliegt» (BFS, 2021: 398).

Personen im Alter von 25 bis 64 Jahren mit einem Tertiärabschluss sowie einer Abnahme des Anteils *Personen ohne postobligatorischen Ausbildungsabschluss* wird ein «guter Ausbildungsstand» konstatiert (vgl. ebd.: 403). Hier zeigt sich die Nähe einer kardinalen Logik (bspw. mehr/weniger) zu einer ordinalen Logik (besser/schlechter) bzw. zu einem bewertenden Ordnungsverfahren.

Bezogen auf die Sachdimension der Selektionsweise des im *SJ* Berichteten kommt quantitativen Angaben eine hervorragende Bedeutung zu, «ohne daß deren Berechnungsweise [im Detail] mitreflektiert werden könnte» (Luhmann, 1998: 1099). Zahlen definieren ihre Nachbarschaften in Tabellen «*präziser und eindeutiger*», man sieht «geradezu mit intersubjektiv zwingender, weil mathematischer Gewissheit», wie weit Zahlenwerte voneinander entfernt sind (Brosziewski, 2018: 57; Hervorhebung im Original). Damit ist eine *Objektivität* im Sinne der Genauigkeit eines Ausdrucks angesprochen. Ob von *Bildung* oder von *dem Bildungssystem* so *objektiv* im Sinne der richtigen Bedeutung der Ausdrücke gesprochen werden kann, ist eine theoretisch zu diskutierende Frage. Damit sind im *SJ* die «Paradoxien des Typs mehr = weniger oder höher = niedriger, die Paradoxien des Werdens» resp. eine bestimmte *Fortschritts-* bzw. *Wachstums-Logik* angelegt (Luhmann, 1998: 1100). Das Ergebnis besteht in einer *statistischen Normaldepression*: «Jedes Mehr ist, in der Gegenrichtung gesehen, zugleich ein Weniger dessen, was vorher war. Wenn Wachstum berichtet wird, ist man mit den Zuständen und Erträgen nicht mehr zufrieden, die vor einigen Jahren noch ganz normal waren. Und selbst wenn das Wachstum sich verlangsamt, ist das eine Unglücksnachricht» (ebd.: 1099). Beispielhaft zeigt sich diese Anlage im *SJ* im ersten Teil *Überblick* bei folgenden Themen:

Maturitätsquote: ‹Die Jugendlichen streben immer häufiger die verschiedenen Maturitätstypen an. 2018 erwarben 27,8 % von ihnen eine gymnasiale Maturität bis zum 25. Altersjahr, 15,8 % eine Berufsmaturität und 3,3 % eine Fachmaturität. Damit erfüllen 40,9 % der aus der obligatorischen Schule ausgetretenen Jugendlichen die Voraussetzungen für einen Hochschulbesuch› (vgl. BFS, 2021: 400).

Chancen auf dem Arbeitsmarkt: ‹Absolventinnen und Absolventen einer höheren Berufsbildung sind in der Regel bereits vor Ausbildungsbeginn gut in den Arbeitsmarkt integriert. Dies zeigen auch die Resultate der Erhebung zur höheren Berufsbildung (eHBB), bei der die HBB-Absolventinnen und -Absolventen des Jahres 2018 befragt wurden. 2019 liegt die Erwerbslosenquote gemäss des Internationalen Arbeitsamtes (ILO) für Personen, die eine höhere Fachschule abgeschlossen haben, bei 1,9 %. Bei Personen, die 2018 einen eidgenössischen Fachausweis (0,9 %) oder ein eidgenössisches Diplom (0,4 %) erworben haben, sind die Werte noch tiefer› (vgl. ebd.: 402).

Die Frauen haben aufgeholt: ‹Von der Bildungsexpansion der letzten Jahrzehnte haben vor allem die Frauen profitiert. Die geschlechtsspezifischen Bildungsunterschiede haben sich laufend verringert. Heute beginnen praktisch gleich viele Frauen wie Männer eine nachobligatorische Ausbildung und schliessen sie auch ab. Weiterhin sind aber Männer länger in Ausbildung als Frauen, und auch ihre Eintrittsquote in die Tertiärstufe ist für den Bereich der höheren Berufsbildung höher. Deutliche geschlechterspezifische Unterschiede bestehen nach wie vor bei der Wahl der Fachrichtung, und dies sowohl in der Berufsbildung als auch an den Hochschulen› (vgl. ebd.).

2.4 Bilanzierung der Ordnung Statistisches Jahrbuch BFS

Die allgemeine Fragestellung, *wie sich eine Ordnung mit Wissen in berichtenden Formen mit Bezug auf Bildung stabilisiert*, wurde in dieser Fallstudie exemplarisch anhand des *Statistischen Jahrbuchs* des *Bundesamtes für Statistik* in drei Schritten überprüft.

Eingebettet in einen staatlichen, verwaltenden Kontext, hat sich vor dem Hintergrund der Entwicklung und stetigen Etablierung statistischer Ordnungsverfahren seit dem späten 17. Jahrhundert und der Entwicklung und Ausdifferenzierung der Berichterstattung im 19. Jahrhundert ab 1889 das *Statistische Jahrbuch* als berichtende Form mit Bezug auf Bildung in der Schweiz etabliert und kann (nach wie vor) als zentrales Element des gesellschaftlichen *imaginaire* angesehen werden. Ziel einer solchen Statistik ist mittlerweile die Ermittlung, Aufbereitung und Präsentation statistischer Daten, die sowohl innerstaatlich wie auch international die Leistungen des Staates dokumentieren sollen. Die stetige Entwicklung eines statistischen Informationssystems bzw. einer Bildungsstatistik wurde zunehmend an einer internationalen Standardisierung der Daten ausgerichtet. Damit soll die Vergleichbarkeit von nationalen Bildungssystemen ermöglicht werden. Gegen Ende des 20. Jahrhunderts wurden zunehmend rechtliche Grundlagen geschaffen, um einerseits die Entwicklung der Bildungsstatistik zu legitimieren und andererseits die Verhältnisse in der Statistik zu koordinieren. Die Bildungsstatistik basiert im Grundsatz auf der *International Classification of Education (ISCED)* der *UNESCO*. Vor dem Hintergrund von *Bildung* als Staatsaufgabe soll das schweizerische Bildungssystem primär anhand der Basiskategorien Ausbildungsprogramme resp. Ausbildungsgänge und damit zusammenhängenden Qualifikationen klassifiziert werden. In horizontaler Perspektive interessieren menschliche und finanzielle Ressourcen. Basierend auf einer solchen klassifizierenden Sinnstiftung wird *Bildung* in diesem Berichterstattungsbeispiel also als Gegenstand eines Wissens aus Zahlen konstituiert, die als Fakten angenommen werden.

Statistische Beschreibungen verleihen den Dingen eine stabile Bedeutung. Sie sorgen einerseits dafür, dass es möglich wird, Vergleiche durchzuführen und Äquivalenzen aufzustellen. Andererseits sorgt die Abstraktionsleistung von Einzelfällen für eine *Lesbarkeit von aussen*: Eine solche Ordnung des Wissens kann zirkulieren, d. h. von unterschiedlichen Instanzen genutzt werden. *Bildung* wird damit über zeitliche, räumliche und soziale Kontexte hinweg anschlussfähig. Grundlegende Ordnungsverfahren der Bildungsstatistik sind Kategorisierung, Klassifizierung, Quantifizierung und Vergleichung, die einander bedingen, wobei dem Vergleich eine übergeordnete Bedeutung zukommt. Dies zeigt sich an den sowohl historisch sowie im untersuchten *Statistischen Jahrbuch* von 2021 konzeptionell den satzförmigen Anteilen vorgeordneten Tabellen mit ihrem Rasterformat, welche eben einen Vergleich intendieren. Das Kapitel *Bildung und Wissenschaft* gliedert sich entlang der vier Teile Überblick; Erhebungen, Quellen; Glossar; Daten, wobei der Datenteil das Kernstück ausmacht. Anhand der Tabellen wird ersichtlich, dass das überwiegende, den Kategorien zugrundeliegende Klassifikationsprinzip resp. der Modus klassifizierender Sinnstiftung in der Zählung von Elementen besteht. Die Quantifizierung verdichtet Sachverhalte in Zahlen. Die Kategorien werden aus den institutionellen Feldern gewonnen, womit primär der Bereich der deskriptiven Statistik zur Anwendung kommt. Die Tabellierung ermöglicht räumliche (synchrone) sowie temporale (diachrone) Vergleiche. Der quantitative Vergleich erzeugt Ordnung, indem er zwischen den verglichenen Einheiten einen Sinnzusammenhang herstellt. Diese quantitativen Vergleiche sind hauptsächlich informativ bezogen auf steigernde Differenzfeststellungen. Die Ermöglichung serieller (wiederholt und regelmässig stattfindender) Vergleiche stellt dann auch eine besondere Leistung der Bildungsstatistik im

Statistischen Jahrbuch dar. Als Ergebnis liegt ein relationales Standortwissen vor. Dieses Standortwissen ist in der Lage, durch (scheinbar) eindeutige Kategorien Vergleiche durchzuführen und Äquivalenzen aufzustellen. Wissenschaft dient dabei durch die Anwendung statistischer Methoden und Regularien als Sinnstütze.

Der normative Rahmen und damit die Selektionsweise bezieht sich auf institutionalisierte Bildung. Die in Stufen, Typen und Qualifikationen abgebildete Bildungsorganisation ist auf eine jeweilige Vorbereitung der Individuen für weitere Bildung im Bildungswesen hin angelegt. Von besonderem Interesse ist die Beschreibung von Rahmenbedingungen resp. Voraussetzungen, Prozessen im Bildungswesen sowie – auf einer Makroebene – von Bildungsabschlüssen resp. Outputs, Wirkungen. Das *Statistische Jahrbuch* ist somit ein staatlichen Interessen folgendes berichtendes Format, welches eine primär deskriptiv zu verstehende Ordnung des Wissens über *Grundinformationen* des schweizerischen Bildungssystems liefert.

Die Berichterstattung über *Bildung* im *Statistischen Jahrbuch* ist mit einem, berichtenden Formen eigenen, umfassenden (Ein-)Ordnungsanspruch verbunden. Die Verschlagwortungen *das Bildungssystem der Schweiz* sowie *Grundinformationen* verweisen u.a. auf diesen Anspruch. Die Erarbeitung und Verarbeitung statistischer Informationen soll zu einer Institutionalisierung von Handeln beitragen. Auf Grundlage der Werkzeuge der Statistik vermag, wie dies Alain Desrosières (2005) bereits allgemein für die Statistik gezeigt hat, das im *Statistischen Jahrbuch* Berichtete der *Bildung* eine mehr oder weniger unverrückbare Ordnung und Plausibilität – einen Sinn – zu verleihen: Einerseits sorgt die Konstruktionsarbeit für die Existenz der Objekte, andererseits liefert die Objektivierungsarbeit der Statistik damit dauerhaft Dinge, die zirkulieren können. Die Einordnung von *Bildung* geschieht in einem staatlichen (und damit selektiven) Kontext. Damit einher geht eine bestimmte Perspektive bzw. ein bestimmtes kognitives und normatives System. Funktional ist diese Berichterstattung hauptsächlich für die Verwaltung und Politik. Sowohl die These von Konersmann (2021), dass klassische Praxisfelder (wie Erziehung und Bildung), einmal quantifiziert, als *Systeme* hervortreten, wie auch die These von Winkler (2006), wonach öffentliche Diskurse resp. die öffentliche Berichterstattung einen Fokus auf das Bildungssystem der Gesellschaft legen, thematisieren Erziehung und Bildung als Institutionen und Pragmatiken, die sich historisch funktional ausdifferenziert haben. Beide Thesen können mit dieser Fallstudie gestützt werden. Sowohl die von Steinmetz (2021) historisch beschriebene Trennung der alternativen statistischen Positionen und damit die Etablierung eines Verständnisses von *Statistik* als einer streng quantifizierenden und berechnenden Statistik, als auch die von Konersmann (2021) ausgemachte Tendenz einer vom Glauben an die Zahl und das Messen getragenen Ordnung der Dinge hat sich (offensichtlich) im Fallbeispiel auch für *Bildung* verfestigt. Mit einer solchen Quantifizierung wird eine Beschränkung auf Sachverhalte sichtbar, die der Darstellung als Zahlenwerk entgegenkommen und dementsprechend nur in diesem Rahmen überhaupt von Belang sind. Das dem bildungsstatistischen Informationssystem inhärente Ordnungsschema ist sehr schlicht: Die Funktionsweise des Bildungssystems Schweiz wird in horizontaler Perspektive anhand dreier Elemente modelliert: Input – Prozess – Output. Von grundlegendem Interesse sind Erfordernisse der Bildungsorganisation, also personelle und finanzielle Ressourcen. Mit messbaren Einheiten wird *Bildung* infrastrukturell. Auffallend ist, dass bildungspolitisch heikle Vergleiche wie etwa sog. Schulleistungstests nicht den Grundinformationen zugehörig sind und dementsprechend nicht Eingang in das *Statistische Jahrbuch* finden.

3. Bildungsbericht SKBF

3.1 Einführender Teil: Kontext

Der *Bildungsbericht Schweiz* wird von der Schweizerischen Koordinationsstelle für Bildungsforschung (SKBF) herausgegeben. Er ist eingebettet in ein nationales sog. Bildungsmonitoring. Etymologisch weist *Monitoring* auf Aufsicht, Beaufsichtigung, Überwachung hin, abgeleitet von *Monitor*, «ein Monitor ist ein Überwachungsgerät» (Herzog, 2013: 51). Nach «schweizerischem Verständnis» wird unter Bildungsmonitoring «die systematische und auf Dauer angelegte Beschaffung und Aufbereitung von Informationen über ein Bildungssystem und dessen Umfeld» verstanden (SKBF, 2006: 6). Es soll «als Grundlage für Bildungsplanung und bildungspolitische Entscheide, für die Rechenschaftslegung und die öffentliche Diskussion» dienen (ebd.). Das Bildungsmonitoring will über «die bisherige Statistik und punktuelle Beteiligung an internationalen Forschungsprojekten hinaus» für die Schweiz ein «eigentliches und eigenes, auf sie zugeschnittenes Konzept der Systembeobachtung und Systemsteuerung» etablieren (ebd.). In den Bildungsbericht finden «die Ergebnisse aus der PISA-Studie der OECD, aber auch die Erkenntnisse aus anderen internationalen, nationalen und kantonalen Studien» Eingang, «welche Fragestellungen berühren, die für die Steuerung des Bildungssystems von Interesse sind» (Klausing/Husfeldt, 2015: 354). Während die Bildungsstatistik Daten erhebt und Indikatoren zur Verfügung stellt, ist Aufgabe der Bildungsforschung «deren wissenschaftliche Analyse und Aufbereitung im Sinne von Synthesen, die in Schlussfolgerungen (Befunde) münden» (SKBF, 2006: 6). Dadurch, dass Bildungsberichte «eine evaluative Gesamtschau des nationalen Bildungssystems» liefern, unterscheiden sie sich «von bildungsstatistischen Jahrbüchern» (SKBF, 2010: 8). Neben dem Rückgriff auf Daten der Bildungsstatistik wird im Bildungsbericht auch auf Struktur- und Entwicklungsdaten der kantonalen Bildungssysteme sowie Leistungsdaten «insbesondere zu den

Schülerinnen und Schülern der Volksschule» zurückgegriffen (Klausing/Husfeldt, 2015: 358). Der Bildungsbericht stellt «das Kernstück eines umfassenden Bildungsmonitoring-Konzepts dar, das wesentlich vom Austausch zwischen der Bildungspolitik und der Bildungsverwaltung auf der einen Seite und der Bildungsforschung auf der anderen Seite lebt» (ebd.: 354).

Das nationale Bildungsmonitoring im oben skizzierten Verständnis nahm seinen Ausgangspunkt in den 1970er Jahren. Im «Gefolge des grossen Andrangs zu Gymnasien und Hochschulen in den 1960er Jahren» wurden die schulstatistischen Erhebungen «schon 1973 in einem Bundesgesetz geregelt» (Jost, 2016: 122). In diesem Kontext «entstand später das bekannte Monitoring (Überwachung, Beobachtung) der Bildung in der Schweiz» (ebd.). Insbesondere «neue Modelle der Steuerung wie New Public Management oder Evidence Based Policy haben die Nachfrage nach Zahlen, Daten und Fakten gefördert, mit denen insbesondere die Wirkung und Resultate von Bildungsanstrengungen dokumentiert werden sollen» (Manz/Nägeli/Criblez, 2015: 5). Ein für die Genese des nationalen Monitorings bedeutsames Ereignis bildete «die Veröffentlichung der PISA-Ergebnisse im Jahr 2001, als zum ersten Mal einer breiten Öffentlichkeit Ergebnisse über die Leistungsfähigkeit nationaler Bildungssysteme präsentiert wurden» (Klausing/Husfeldt, 2015: 353).

Im Herbst 2004 beschlossen Bund und Kantone «mit dem Pilotprojekt Bildungsmonitoring» zu starten (SKBF, 2006: 7). Die Schweizerische Konferenz der kantonalen Erziehungsdirektoren (EDK) schreibt in einer Erklärung, dass «auf Initiative der EDK» Bund und Kantone «per 2006 erstmals einen Bildungsbericht Schweiz ausarbeiten lassen» werden, «als ersten Schritt eines kontinuierlichen, wissenschaftlich gestützten Monitorings über das Bildungssystem Schweiz» (EDK, 2004: 2). Als Verfassungsauftrag wurde die gemeinsame Zuständigkeit für eine hohe Qualität und Durchlässigkeit des Bildungsraumes Schweiz von Bund und Kantonen sowie die damit verbundene Koordination ihrer Anstrengungen durch gemeinsame Organe erst in der Volksabstimmung vom 21. Mai 2006 in der Bundesverfassung in Art. 61*a* verankert (vgl. BV, 1999). Damit «entwickeln die beiden föderalen Ebenen Bund und Kantone in einem Bildungsmonitoring-Prozess gemeinsam das Bildungssystem in der Schweiz» (Klausing/Husfeldt, 2015: 352). Das Staatssekretariat für Bildung, Forschung und Innovation (SBFI) stützt sich dabei seit dem 1. Februar 2017 auf das Bildungszusammenarbeitsgesetz (BiZG; vormals Bildungssteuerungsgesetz), die EDK auf das Schulkonkordat von 1970 sowie auf die Interkantonale Vereinbarung über die Harmonisierung der obligatorischen Schule (HarmoS-Konkordat) vom 14. Juni 2007, welche am 1. August 2009 in Kraft getreten ist.

Da das Bildungsmonitoring Schweiz grundsätzlich «von Bedürfnissen und Fragestellungen der Bildungspolitik» ausgeht, «das heisst: der für die Steuerung des Systems verantwortlichen kantonalen und Bundesbehörden» (SKBF, 2006: 6) und den Anspruch auf eine Evaluation des Bildungssystems erhebt, erscheint die Anbindung eines solchen Monitorings an die öffentliche Statistik als heikel (vgl. Kapitel 2.1). Auch die Institutionalisierung des nationalen Bildungsmonitorings im Wissenschaftssystem wie etwa an kantonalen Universitäten ist kaum mit der Freiheit wissenschaftlicher Forschung vereinbar (vgl. BV, 1999: Art. 20). Vor diesem Hintergrund erscheint die Schaffung der SKBF plausibel. Diese Institution wird gemeinsam von Bund und Kantonen geführt (vgl. ZSAV-BiZ, 2016: Art. 7). Neben der Regelung der mit dem Monitoring-Prozess beauftragten Institution werden Ziele und weitere Aspekte in der Organisation der Zusammenarbeit von Bund und Kantonen in der *Vereinbarung zwischen dem Bund und den Kantonen über die Zusammenarbeit im Bildungsraum Schweiz* (ZSAV-BiZ) vom 16. Dezember 2016 festgehalten. Das Steuerungsorgan bilden gemäss Art. 3 der jeweilige Vorsteher oder die jeweilige Vorsteherin des Departements für Wirtschaft, Bildung und Forschung (WBF) sowie das Präsidium der EDK. Die Prozessleitung setzt sich aus einem Direktionsmitglied des Staatssekretariats für Bildung, Forschung und Innovation SBFI und dem Generalsekretär resp. der Generalsekretärin der EDK zusammen. Diese Prozessleitung koordiniert im Rahmen der Bildungszusammenarbeit anstehende Arbeiten. Im Rahmen dieses Arbeitsprogramms kommt der SKBF die Aufgabe zu, «den Informationsaustausch und die Zusammenarbeit zwischen Bildungsforschung, -praxis und -verwaltung sowie den mit Forschungspolitik befassten Akteurinnen und Akteuren» zu fördern (ZSAV-BiZ, 2016: Art. 7 Abs. 2). Grundlagen- und Prozessarbeiten kann die SKBF auf Basis von Leistungsvereinbarungen mit der Prozessleitung und gemäss dem Arbeitsprogramm durchführen. Das Arbeitsprogramm[37]

37 Vgl. das *Arbeitsprogramm 2017–2020* vom 16. Dezember 2016. Das aktuelle Arbeitsprogramm für den Bildungsbericht 2023 wurde ebenfalls bereits veröffentlicht.

konkretisiert die erforderlichen Tätigkeiten zur Erreichung der in der ZSAV-BiZ festgehaltenen Ziele. Eines dieser Arbeitsfelder ist das Bildungsmonitoring und die Erstellung des Bildungsberichts sowie die Veröffentlichung durch die SKBF.

Der zyklische Monitoringprozess beginnt mit politischen Fragestellungen. Daraufhin werden systematisch Informationen über das Bildungssystem und dessen Umfeld gesammelt und aufbereitet sowie ein Bildungsbericht erstellt. Mit der Veröffentlichung des Bildungsberichts beginnt die Auswertungsphase. Diese wird von der Prozessleitung durchgeführt, und es werden Stellungnahmen (darunter auch Hinweise auf Erkenntnislücken und Datenlücken) von Akteuren des Bildungssystems Schweiz gesammelt (bspw. Bundesämter, Bildungsdepartemente, Rektorenkonferenzen, Lehrerverbände usw.). Die Prozessleitung erarbeitet daraus erste Vorschläge für Ziele und Massnahmen in Bezug auf die Systemsteuerung sowie auf neue Fragen für den nächsten Bildungsbericht. Auf dieser Grundlage legen die politischen Behörden der beiden föderalen Ebenen eine Strategie fest und beschliessen Massnahmen auf der Ebene der Systemsteuerung. Die Ergebnisse der Auswertungsphase werden sowohl in die *Botschaft zur Förderung von Bildung, Forschung und Innovation* (Bund)[38] sowie, falls Koordinationsgeschäfte der EDK betroffen sind, in das *Tätigkeitsprogramm der EDK* (Kantone) eingebunden. Sonst entscheiden die kantonalen Behörden. Die Prozessleitung erstellt ein neues Programm, welches allfällige Erkenntnis- und Datenlücken schliessen, Bezüge zur Berichterstattung anderer Länder herstellen, sowie Produkte und Prozesse unter den beteiligten Akteuren abstimmen soll (vgl. SKBF, 2014: 6).

Auf Grundlage des ersten offiziellen Bildungsberichts von 2010 erklärten Bund und Kantone 2011 gemeinsame bildungspolitische Ziele für den Bildungsraum Schweiz (vgl. Erklärung zu den gemeinsamen bildungspolitischen Zielen für den Bildungsraum Schweiz vom 30. Mai 2011) «[A]ufgrund der Erkenntnisse des Bildungsberichts 2010» wollten Bund und Kantone zunächst «die Chancen und die Potentiale des schweizerischen Bildungssystems besser ausschöpfen. Auf der Grundlage der Bildungsberichte von 2014 und 2018 soll [nunmehr] überprüft werden, wo das Bildungssystem Schweiz in Bezug auf

38 Vgl. die Botschaft zur Förderung von Bildung, Forschung und Innovation in den Jahren 2021–2024, provisorische Fassung sowie das Tätigkeitsprogramm 2021–2024 der EDK.

die Erreichung dieser Ziele steht» (ebd.: 1). Dabei werden «die im Rahmen des Bildungsmonitoringprozesses zukünftig alle vier Jahre erscheinenden Bildungsberichte […] über die Erreichung der Ziele und die Wirksamkeit der getroffenen Massnahmen Auskunft geben» (ebd.: 3). Damit aber gemeinsame politische Ziele für den Bildungsraum Schweiz auf der Grundlage von Bildungsberichten überhaupt sinnvoll verfolgt werden können, war eine Harmonisierung der Bildungsstatistiken notwendig. Die *Modernisierung der Erhebungen im Bildungsbereich (MEB)* wurde 2008 beschlossen. Die modernisierte Bildungsstatistik «soll der nationalen und kantonalen Bildungspolitik sowie der Forschung eine verlässliche, aktuelle und vernetzbare statistische Grundlage zur Steuerung und Planung des Bildungssystems zur Verfügung stellen. Gleichzeitig soll der Aufwand bei der Datenerhebung und -verarbeitung verringert werden» (BFS, 2008: 5). Das Projekt «Modernisierung der Erhebungen im Bildungsbereich wird demzufolge als integriertes, gesamtschweizerisches koordiniertes System konzipiert, das [sich] auf registerbasierte Datenbeschaffung, den Einsatz moderner Informations- und Kommunikationstechnologien und die Mehrfachnutzung von erhobenen Daten durch deren Verknüpfbarkeit abstützt» (ebd.). Die gesetzlichen Grundlagen sind sowohl in Verfassungsartikeln (Statistik und Bildung), dem Bundesstatistikgesetz, der Statistikerhebungsverordnung, dem Datenschutzgesetz und der entsprechenden Verordnung, dem Registerharmonisierungsgesetz und dem Bundesgesetz über die Alters- und Hinterlassenenversicherung festgehalten. Mit der neu eingeführten AHV-Nummer «als Personenidentifikator im Bildungsbereich lassen sich Personendaten verknüpfen und Bildungsverläufe für verschiedene Personengruppen darstellen» (ebd.: 13). Die Bildungsstatistik wird durch das BFS geführt, «die Kantone liefern harmonisierte Datensätze (inkl. der Sozialversicherungsnummer AHVN13 der Individuen im Bildungssystem sowie einer Registernummer der Bildungsinstitutionen) an das BFS. Dieses validiert und aggregiert die Daten und meldet sie sodann den einzelnen Kantonen zurück» (Klausing/Husfeldt, 2015: 358). Für die Interpretation der Informationen aus der Bildungsstatistik im Bildungsbericht sind zudem «Struktur- und Entwicklungsdaten» notwendig (ebd.: 359). Die EDK erhebt diese in einer Kantonsumfrage. Neben der harmonisierten Bildungsstatistik sowie den Struktur- und Entwicklungsdaten werden «im Rahmen des Bildungsmonitorings in der Schweiz Leistungsdaten verwendet» (ebd.). Diese werden im Wesentlichen durch die PISA-Erhebung sowie die Überprüfung des Erreichens der nationalen Bildungsziele bzw. der Grundkompetenzen (ÜGK) zur Verfügung gestellt.

Im Aufbau resp. in der Modellierung der Bildungsberichte ist im zeitlichen Verlauf eine gewisse Konstanz zu beobachten. Dies zeigt sich an der nur geringfügig abweichenden Kapitelstruktur der Berichte von 2010, 2014 und 2018: Im Bericht von 2018 ist etwa das Kapitel *Definitionen* nicht mehr enthalten und im Gegensatz zum Bericht von 2010 ist seit 2014 ein Kapitel *Rahmenbedingungen des Bildungswesens* vorhanden. Im Bildungsbericht von 2018 ist zudem die Darstellung der Bildungsstufen und -typen an die neue statistische Klassifikation der UNESCO (ISCED 2011) angepasst worden. Weitere Entwicklungen sind in Bezug auf die Umsetzung von Strukturreformen (ausgelöst durch das HarmoS-Konkordat) und die Einführung des Schüleridentifikators und der damit einhergehenden Möglichkeit, individuelle Bildungsverläufe analysieren zu können, zu erwarten (vgl. SKBF, 2014: 12). Über die Jahre konstant gehalten wurde die Zielsetzung, «das schweizerische Bildungswesen entlang aller Bildungsstufen und -typen» zu beschreiben und «eine Beurteilung anhand der drei Kriterien Effektivität, Effizienz und Equity» vorzunehmen (ebd.). Damit soll eine «möglichst hohe Vergleichbarkeit der Bildungsberichterstattung im Zeitverlauf» garantiert werden (ebd.).

Die historische Situierung und Kontextualisierung macht – auch mit Blick auf die Selbstbeschreibung der SKBF, die den Bildungsbericht «als Referenzwerk zur Bildung in der Schweiz» bezeichnet (SKBF, 2018: 6) – deutlich, dass im Rahmen eines nationalen Monitorings von *Bildung* zyklisch ein gesetzlich legitimierter Bericht zum schweizerischen Bildungssystem erstellt wird: Vor dem Hintergrund bildungspolitischer Zielsetzungen werden Daten über das Bildungssystem der Schweiz ermittelt, aufbereitet und im *Bildungsbericht Schweiz* regelmässig zur Darstellung gebracht. Auch beim Bildungsbericht der SKBF wird ein umfassender (Ein-)Ordnungsanspruch sichtbar: Versprochen wird eine «evaluative Gesamtschau des nationalen Bildungssystems» (SKBF, 2010: 8), die primär «Informationen zur Systembeurteilung und -steuerung liefern» soll (SKBF, 2014: 13), wobei der Bildungsbericht mehr sein soll «als ein Rechenschaftsbericht zum Ist-Zustand. Seine Wirkungsmöglichkeiten entfaltet er nicht zuletzt dort, wo er anregt, über künftige Entwicklungen nachzudenken» (SKBF, 2018: 7).

Die aktuellste Ausgabe des Bildungsberichts (3. Ausgabe) ist am 19. Juni 2018 erschienen und wird folgend analysiert: In Kapitel 3.2 wird die berichtete

Ordnung beschrieben, damit in Kapitel 3.3 eine Reflexion auf die Funktion dieser berichtenden Form mit Bezug auf Bildung möglich wird. In Kapitel 3.4 wird eine Bilanzierung der Ergebnisse vorgenommen.

3.2 Ordnung Bildungsbericht SKBF

Der *Bildungsbericht Schweiz* von 2018 ist in neunzehn Kapitel unterteilt:

- Vorwort der Auftraggeber
- Einleitung
- Rahmenbedingungen des Bildungswesens
- Obligatorische Schule
- Primarstufe
- Sekundarstufe I
- Sekundarstufe II
- Berufliche Grundbildung
- Gymnasium
- Fachmittelschulen
- Tertiärstufe
- Universitäre Hochschulen
- Fachhochschulen
- Pädagogische Hochschulen
- Höhere Berufsbildung
- Weiterbildung
- Kumulative Effekte
- Literaturverzeichnis
- Anhang

Auf der zweiten Seite ist das *Bildungssystem Schweiz* abgebildet, gegliedert entlang der ISCED 2011-Klassifikation. Die Grafik stammt von der EDK (Abb. 8).

In einem Vorwort der Auftraggebenden (vertreten durch die Generalsekretärin der Schweizerischen Konferenz der kantonalen Erziehungsdirektoren und des damaligen Staatssekretärs des Staatssekretariats für Bildung, Forschung und Innovation) wird der Zweck des Berichts benannt, er «verdichtet aktuelles Wissen über unser Bildungssystem» (SKBF, 2018: 6). Dargestellt wird dieses Wissen «nach Bildungsstufen und entlang der Aspekte Effektivität,

DAS BILDUNGSSYSTEM SCHWEIZ

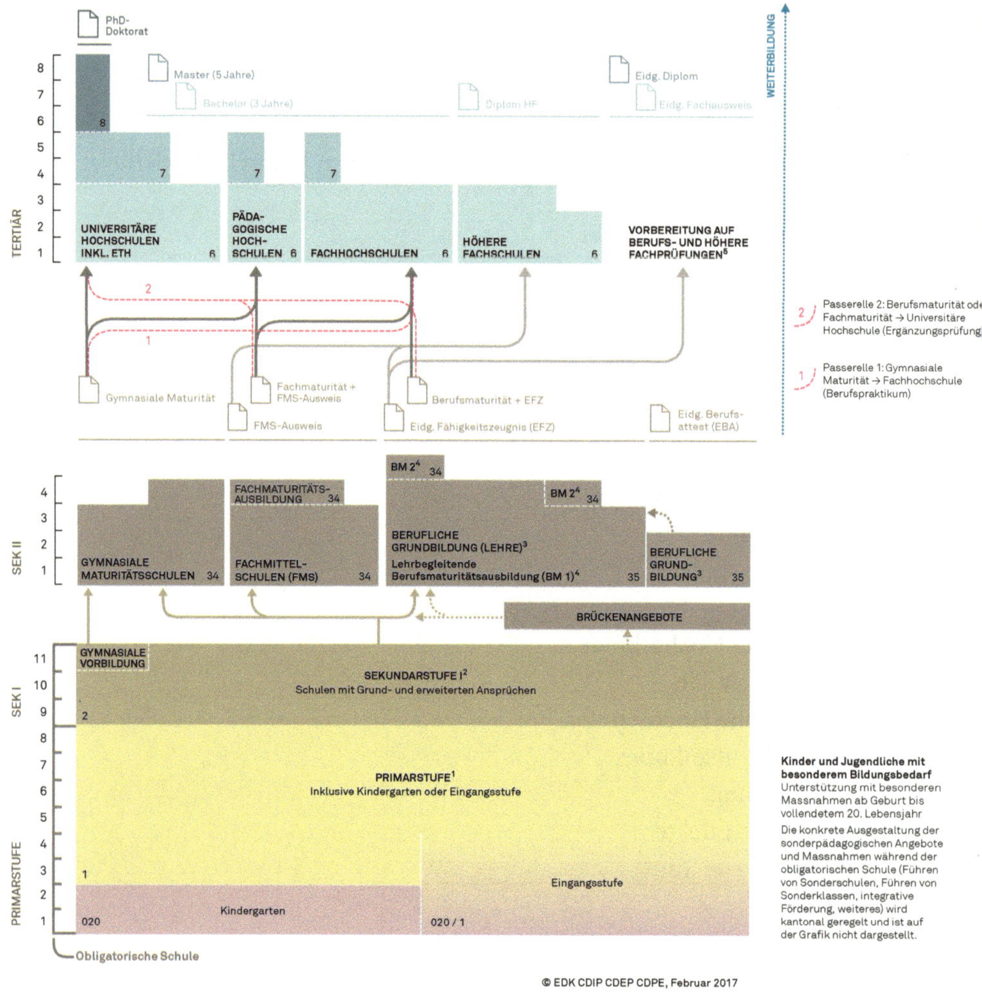

ISCED | International Standard Classification of Education 2011

- ISCED 8
- ISCED 7
- ISCED 6
- ISCED 4
- ISCED 34 + 35
- ISCED 2
- ISCED 1
- ISCED 020

[1] Zwei Jahre Kindergarten resp. die beiden ersten Jahre einer Eingangsstufe: in der Mehrheit der Kantone ins Obligatorium eingebunden

[2] Sekundarstufe I: Kanton Tessin mit vierjähriger scuola media (gemäss Ausnahmebestimmung in Art. 6 HarmoS-Konkordat)

[3] Berufliche Grundbildung (Lehre): Ausbildung im Lehrbetrieb + Unterricht an Berufsfachschulen + Besuch überbetrieblicher Kurse; Ausbildung an Vollzeitschule möglich

[4] Berufsmaturität: Lehrbegleitend (BM 1) oder im Anschluss an die Lehre (BM 2); Dauer BM 2: Vollzeit 1 Jahr, Teilzeit 1.5–2 Jahre

[5] Eidg. Berufsprüfung / Eidg. Fachausweis = ISCED 6; Höhere Fachprüfung / Eidg. Diplom = ISCED 7

Abbildung 8: Grafik *Das Bildungssystem Schweiz* (SKBF, 2018: 2)

Effizienz und Equity» (ebd.). Von den Auftraggebenden wird die Relevanz «verlässlichen Wissens» (ebd.) für bildungspolitische Entscheide und die Qualitätsentwicklung des Bildungssystems hervorgehoben. In Abgrenzung etwa zu einer massenmedialen Berichterstattung wird für den Bildungsbericht der SKBF reklamiert, dass hier «Forschungsresultate von Fachleuten aufbereitet werden» (ebd.). Der Bericht richte sich «an alle Personen mit Interesse an Bildungsfragen, sei es auf Stufe der Gemeinden, der Kantone, auf interkantonaler, nationaler oder internationaler Ebene» (ebd.). Im Vorwort wird weiter auf die verfassungsrechtlichen Grundlagen des sog. Bildungsmonitorings und auf den instrumentalen Charakter des Berichts verwiesen. In historischer Perspektive, die bis zum ersten Bericht 2010 zurückreicht, sei es «heute möglich, das Bildungssystem, seine Qualität und Durchlässigkeit zuverlässiger zu beurteilen» (ebd.). Auf einer solchen Grundlage könnten Bund und Kantone «die Wirksamkeit von Massnahmen und die Erreichung ihrer gemeinsam formulierten bildungspolitischen Ziele bewerten und weiterentwickeln. Darüber hinaus erlaubt er», so das Vorwort, «die Qualität der Datenlage in den unterschiedlichen Bereichen und auf den unterschiedlichen Stufen des Bildungssystems einzuschätzen» (ebd.). Das Vorwort schliesst mit einer knappen Diskussion neuer Chancen und Herausforderungen durch die Digitalisierung.

Die eine Seite umfassende Einleitung enthält Erläuterungen zu *Struktur und Zielsetzung des Berichts*. In je eigenen Kapiteln werden «auf der Basis von vorhandenem Wissen aus Verwaltung, Statistik und Forschung alle Bildungsstufen und -typen» beschrieben (ebd.: 10). Ergänzt werden diese einerseits «durch Analysen von exogenen Faktoren, die einen Einfluss auf das Bildungswesen haben, andererseits durch Analysen der sogenannten Outcomes», wobei es um «die Wirkungen von Bildung auf das Individuum und auf die gesamte Gesellschaft in einer biografischen oder längerfristigen Betrachtungsweise» geht (ebd.). Drei Kapitel (zu den Bildungsstufen *Obligatorische Schule*, *Sekundarstufe II* und *Tertiärstufe*) «behandeln bildungstypenübergreifende Themen» (ebd.). Die Kapitel zu den Bildungstypen sind, ausgenommen davon die Kapitel zu den Fachmittelschulen bzw. zur höheren Berufsbildung, «einheitlich in fünf Unterkapitel gegliedert» (ebd.): Kontext (Faktoren ausserhalb des Bildungswesens, welche spezifisch auf den betreffenden Bildungstyp *einwirken*), Institutionen (institutionelle Rahmenbedingungen), Effektivität (Zielerreichungsgrad bezüglich bildungspolitisch festgelegter Bildungsziele), Effizienz (Verhältnis von monetären und nichtmonetären Ressourcen zur

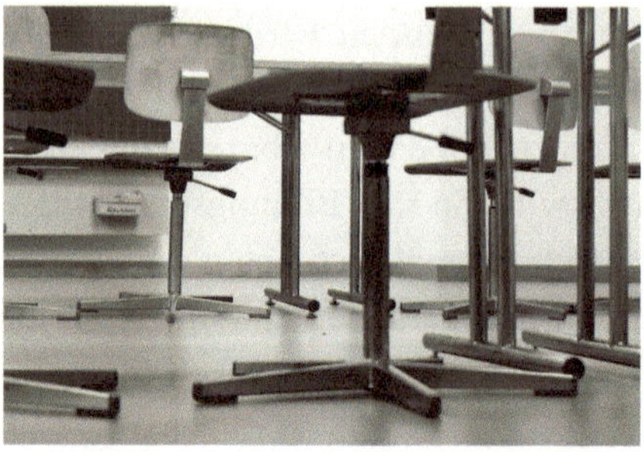

Abbildung 9: Beispiel schwarzweisses Bild vor Kapitel (SKBF, 2018: 30)

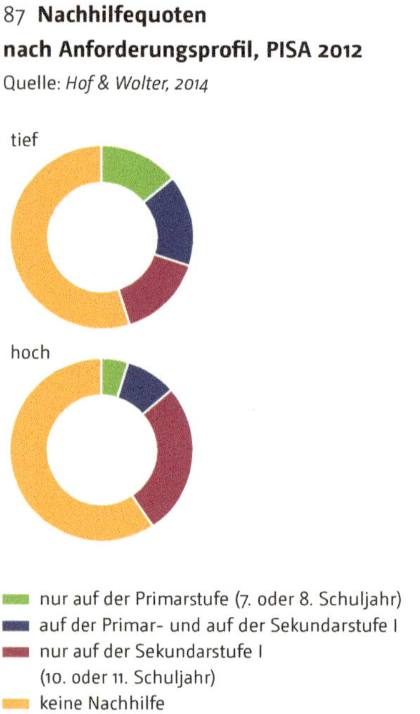

Abbildung 10: Beispiel Grafik (SKBF, 2018: 92)

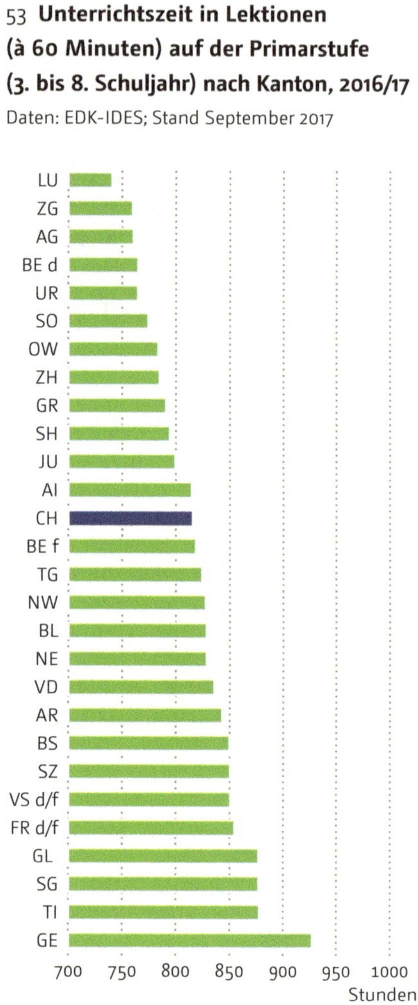

Abbildung 11: Beispiel Grafik (SKBF, 2018: 60)

> Die **Maturitätsquote** entspricht der Anzahl gymnasialer Maturitätsabschlüsse gemessen an der 19-jährigen ständigen Wohnbevölkerung. Im Jahr 2016 fiel die Maturitätsquote erstmals wieder unter 20%, nämlich auf 19,6%. Um statistische Schwankungen zwischen den Jahren aufzufangen, werden in der untenstehenden Grafik die geglätteten Durchschnitte aus zwei Jahren gezeigt. Gemäss dem Referenzszenario des Bundesamts für Statistik (BFS) wird sich die Maturitätsquote ab 2020 bei rund 22% einpendeln.

Abbildung 12: Beispiel Erläuterung Begrifflichkeiten (SKBF, 2018: 140)

Leistung des Bildungstyps) und Equity (Einfluss der Bildungsleistungen unabhängig von der Herkunft und vom Geschlecht der Schülerin bzw. des Schülers). Vor jedem Kapitel sind schwarz-weisse Bilder platziert. Die Kapitel setzen sich aus Tabellen, Grafiken und satzförmigen Teilen zusammen. Einige Tabellen und Grafiken enthalten eine *Lesehilfe* (vgl. Abb. 9–12). Neben dem Fliesstext werden zudem teilweise Begrifflichkeiten erläutert. In den Kapiteln sind jeweils auch Verweise auf andere Kapitel enthalten sowie Exkurse zu bestimmten Themen.

Das Problem der empirischen Bestimmung kausaler Beziehungen
Das grösste Problem bei der Messung des Nutzens von Bildungsinvestitionen besteht darin, dass der Nutzen in der Regel nicht einfach als Differenz zwischen den Outcomes (sei dies Lohn, Gesundheit, Glück oder etwas anderes) von Personen mit einer gewissen Anzahl an Bildungsjahren (oder Kompetenzen) und jenen von Personen mit weniger Bildungsjahren (oder Kompetenzen) entspricht. Dieser Vergleich ist in der Regel deswegen verzerrt, weil die Entscheidung, mehr oder weniger Bildung zu erwerben, ein selektiver Prozess ist, bei dem sich nicht zufällig die einen für mehr und die anderen für weniger Bildung entscheiden. So können sich gesündere Menschen für mehr Bildung entscheiden, weil sie den Anforderungen zusätzlicher Ausbildungsjahre besser gewachsen sind. Sind gemäss späterer Feststellung Personen, die eine längere Bil-

Abbildung 13: Beispiel Exkurs zu einem bestimmten Thema (SKBF, 2018: 306)

Das Kapitel *Rahmenbedingungen des Bildungswesens* ist weiter unterteilt in:

- Einleitung,
- Demografie,
- Jugendliche im Schulalter,
- Wirtschaft und Arbeitsmarkt.

Diese «drei Gruppen von Faktoren» haben «einen direkten oder indirekten Einfluss auf das gesamte Bildungswesen oder Teile davon» (ebd.: 14). Innerhalb der Gruppe *Demografie* tragen die einzelnen Abschnitte folgende Titel: *Dynamische Bevölkerungsentwicklung, Migration: starkes Wachstum seit der Jahrtausendwende, Von der Alterspyramide zum Altersballon, Konzentration der jugendlichen Bevölkerung im Mittelland, Tertiarisierungsdynamik schwächt sich leicht ab, Familien- und Lebensstrukturen.* Die Gruppe *Jugendliche im Schulalter* thematisiert *Gesundheit, Substanzgebrauch, (Problematischer) Internetgebrauch der Schweizer Jugendlichen,* und *Jugenddelinquenz.* In der abschliessenden Gruppe *Wirtschaft und Arbeitsmarkt* gibt es Abschnitte zu folgenden Punkten: *Wachstumsraten auf tiefem Niveau, Staatsschulden im Griff, Bildungsausgaben stark schwankend von Kanton zu Kanton, Bildungssystem sorgt für eine relativ gleichmässige Einkommensverteilung, Risiko der Erwerbslosigkeit für Tiefqualifizierte steigt weiter an, Digitalisierung beeinflusst den Arbeitsmarkt seit längerer Zeit* sowie *Prognosen sind schwierig.*

Die drei Kapitel zu *Bildungsstufen*, welche *bildungstypenübergreifende Themen* behandeln, sind wie folgt gegliedert:

Obligatorische Schule Stufenübergreifende Themen	**Sekundarstufe II Typenübergreifende Themen**	**Tertiärstufe Typenübergreifende Themen**
Zusammenarbeit auf verschiedenen Ebenen Entwicklung der Schülerzahlen Herausforderungen für das Schweizer Bildungssystem HarmoS-Konkordat Strukturharmonisierung Zielharmonisierung Sprachregionale Lehrpläne Sprachenunterricht Bildung für nachhaltige Entwicklung Sonderpädagogik Überprüfung der Schul- und Unterrichtsqualität auf kantonaler Ebene Schulleitungs- und Lehrpersonal Tagesstrukturen Privatschulbesuch	Entwicklung der Schülerzahlen **Übertritte in die Sekundarstufe II** Sofortübertritte Zwischenlösungen **Berufs- und allgemeinbildende Optionen** Einflussfaktoren bei der Typenwahl Schulische Kompetenz und Typenwahl **Erfolgsquoten auf der Sekundarstufe II** Repetitionsquoten: vor allem in der Allgemeinbildung hoch Abschlussquoten: Handlungsbedarf bei Migrantinnen und Migranten **Externe Schulevaluation**	Bildungsstand der Bevölkerung im internationalen Vergleich Hochschulrechtliche Grundlagen Profile Finanzierung der Hochschulen und Tertiärbildungsausgaben Stipendien Ausbildungsverlauf in Abhängigkeit von Kompetenzen Übergänge in die Hochschulen Übergänge und Durchlässigkeit zwischen den Hochschultypen Internationale Mobilität Zeitbudgets der Studierenden Studienerfolgsquoten Arbeitsmarktchancen Systemeffizienz Soziale Disparitäten Migrationshintergrund Barrierefreiheit Nachfrage nach Tertiärbildung Regionale Unterschiede in der Nachfrage nach Hochschulbildung Fachkräftemangel

Tabelle 1: Gliederung der Kapitel zu *Bildungsstufen, Obligatorische Schule, Sekundarstufe II* und *Tertiärstufe*

Die Kapitel zu den *Bildungstypen* gliedern sich in den fünf Unterkapiteln entlang folgender Themensetzungen. Auf der *Bildungsstufe Obligatorische Schule*:

Primarstufe (inklusive zwei Jahre Kindergarten oder die ersten beiden Jahre einer Eingangsstufe)	**Sekundarstufe I**
Kontext Frühkindliche Bildung, Betreuung und Erziehung Geografisch heterogene Verbreitung der familienergänzenden Angebote Soziale Zusammensetzung der Schülerschaft der Primarstufe (3.–8. Schuljahr) Entwicklung der Schülerzahlen Schulgrösse und Bevölkerungsdichte **Institutionen** Erste Jahre der Primarstufe Inhalte der sprachregionalen Lehrpläne Unterrichtszeit für die Primarstufe Unterricht in der ersten und der zweiten Fremdsprache **Effektivität** Erste Jahre der Primarstufe Fremdsprachen und Unterrichtszeit auf der Primarstufe (3.–8. Schuljahr) Mathematikkompetenzen in kantonalen Leistungstests Integrative Schulformen Tagesschulen und der Einfluss auf die schulische Leistung **Effizienz/Kosten** Gesamt- und Bildungsausgaben in den Kantonen Klassengrösse und gemeindespezifische Merkmale Klassengrösse und Betreuungsverhältnis im interkantonalen Vergleich Bildungsausgaben im interkantonalen Vergleich Determinanten der interkantonalen Unterschiede **Equity** Chancenausgleich durch frühkindliche Bildung, Betreuung und Erziehung Migrantinnen und Migranten und Bildungszugangschancen Leistungsentwicklung nach Geschlecht	**Kontext** Entwicklung der Schülerzahlen seit dem letzten Höchstwert Schulgrösse und Bevölkerungsdichte Sozialdemografische Merkmale der Schülerschaft **Institutionen** Modellvielfalt auf der Sekundarstufe I Vorbereitung auf den Übergang in die Sekundarstufe II Unterrichtszeit auf der Sekundarstufe I **Effektivität** Die Wirkung von Unterrichtszeit auf die Schulleistung Fremdsprachenkompetenz und Unterrichtszeit PISA-Leistungen der 15-Jährigen Die Nutzung von ICT und die Selbsteinschätzung der Anwendungskompetenz Nichtkognitive Kompetenz und Schulleistung Bezahlte ausserschulische Lernunterstützung **Effizienz/Kosten** Klassengrössen und gemeindespezifische Merkmale Klassengrösse und Betreuungsverhältnis im interkantonalen Vergleich Bildungsausgaben im interkantonalen Vergleich **Equity** Veränderungen der Geschlechterdifferenz in PISA Leistungsheterogenität innerhalb der Gruppe von Schülerinnen und Schülern mit Migrationshintergrund Soziale Herkunft und Leistungsunterschiede in PISA 2015

Tabelle 2: Gliederung der Bildungstypen auf der Stufe *Obligatorische Schule* nach Themen

Auf der *Bildungsstufe Sekundarstufe II* ist die Fachmittelschule nicht in die entsprechenden Unterkapitel gegliedert:

Gymnasium	Berufliche Grundbildung	Fachmittelschulen
Kontext Frauen im Gymnasium Unterschiede zwischen den Kantonen Maturitätsquote, Konkurrenz um gymnasiale Ausbildung und ihre Auswirkungen Internationale Abgrenzung **Institutionen** Lang- und Kurzzeitgymnasium Zulassungsbedingungen Fächer und Zeitanteile Schwerpunktfächer Zweisprache Maturität Aktuelle Projekte zur Sicherung des prüfungsfreien Zugangs zu den Universitäten Lehrkörper **Effektivität** Vorkenntnisse der Schülerschaft beim Übertritt ins Gymnasium Maturität und Studienerfolg Schwerpunktfach und Studienwahl Der Übertritt vom Gymnasium an die Hochschulen **Effizienz/Kosten** Jährliche Ausgaben für Schülerinnen und Schüler in allgemeinbildenden Schulen auf der Sekundarstufe II Repetition und vorzeitiges Ausscheiden aus dem Gymnasium **Equity** Gender und MINT Nachteilsausgleich	**Kontext** Globalisierung Strukturwandel Konjunkturelle Schwankungen Demografie und die Beziehung zu den allgemeinbildenden Schulen **Institutionen** Starke Verzahnung von Arbeitswelt und Bildungssystem Erster Reformzyklus abgeschlossen Umsetzung der Strategie Nachhaltige Entwicklung in der Berufsbildung Stetiges Wachstum bei den zweijährigen Grundbildungen mit Berufsattest (EBA) Berufsmaturität Berufsbildung für Erwachsene **Effektivität** Passung weiterhin sehr gut Grosse Unterschiede bei den Vorkenntnissen Lehrvertragsauflösungen Erfolgreicher Lehrabschluss Erfolg bei den Lehrabschlussprüfungen, aber viele Lehrvertragsauflösungen bei den zweijährigen Grundbildungen Integration in den Arbeitsmarkt nach Lehrabschluss Berufliche Mobilität Übertritte an die Hochschulen nach der Berufsmaturität: tendenziell leicht sinkende Quote **Effizienz/Kosten** Nettonutzen für Ausbildungsbetriebe – aber nicht überall **Equity** Geschlechtsstereotypische Berufswahl Sozialer Status: weder gleichartig noch gleichwertig	Institutionelle Entwicklung der Fachmittelschulen Fachmittelschulen und ihr Angebot Aufnahmebedingungen und Eingangskompetenzen Die Zusammensetzung der Schülerschaft FMS Ergänzung oder Kompensation im Bereich der Allgemeinbildung Ausbildungsoptionen im Bereich Gesundheit Bildungsverläufe von Fachmittelschülerinnen und -schülern Abschlüsse und Übertritte

Tabelle 3: Gliederung der Bildungstypen auf der Stufe *Sekundarstufe II* nach Themen

Auf der *Bildungsstufe Tertiärstufe* ist die Höhere Berufsbildung nicht in die entsprechenden Unterkapitel gegliedert:

Universitäre Hochschulen	Fachhochschulen	Pädagogische Hochschulen	Höhere Berufsbildung
Kontext Prognosen zu den Studierendenzahlen Globalisierter Akademiker-Arbeitsmarkt **Institutionen** Studieren im Bologna-System Akademisches Personal und Nachwuchsförderung **Effektivität** Weggänge nach der gymnasialen Maturität – auf dem Weg zu einer hochqualifizierten Beschäftigung Erfolgreicher Studienabschluss und Studienabbrüche Arbeitsmarkterfolg **Effizienz/Kosten** Kosten nach Fachbereich und Universität Studienfachwechsel und Studiendauer Ausbildungsinvestitionen und -erträge **Equity** Geschlechterunterschiede Migrationshintergrund	**Kontext** Prognosen der Studierendenzahlen **Institutionen** Zulassung an die Fachhochschulen Herkunft der Studierenden Ausbildung auf Bachelor-, Master- und Doktoratsstufe Finanzquellen der Fachhochschulen **Effektivität** Erfolgreicher Studienabschluss Arbeitsmarkterfolg der Absolventinnen und Absolventen **Effizienz/Kosten** Kosten nach Fachbereich Kosten nach Fachhochschule **Equity** Geschlechterunterschiede Migrationshintergrund	**Kontext** Bedarf an Lehrkräften Beschäftigungsgrad Prognostizierter Bedarf an Lehrkräften Entwicklung der Studierendenzahlen an pädagogischen Hochschulen Verdienstmöglichkeiten im Lehrberuf **Institutionen** Mobilität Ausbildung Zugangsvoraussetzungen und Selbstselektion in den Lehrberuf Quereinstieg in den Lehrberuf **Effektivität** Kompetenzerwerb Einstieg und Verbleib im Beruf **Effizienz/Kosten** Kostenstruktur **Equity** Soziale Herkunft Geschlechterverteilung Migrationsstatus	Bildungsstatistische Neuerungen Englische Titelbezeichnungen Höhere Berufsbildung im Gegenwind **Höhere Fachschulen** **Berufs- und höhere Fachprüfungen** **Finanzierung und Kosten** Interkantonale Vereinbarung zur Finanzierung der höheren Fachschulen umgesetzt Finanzierungsumstellung bei den eidgenössischen Prüfungen **Absolventen- und Studierendenprofile** **Nutzen**

Tabelle 4: Gliederung der Bildungstypen auf der Stufe *Tertiärstufe* nach Themen

Die in einem separaten Kapitel geführte *Weiterbildung* ist ebenfalls in die genannten fünf Unterkapitel gegliedert. In Anlehnung an die *ISCED-2011* wird Weiterbildung als «nichtformale Bildung» taxiert (SKBF, 2018: 286).

Weiterbildung
Kontext
Institutionen
Rechtliche Rahmenbedingungen
Begrifflichkeiten und statistische Konsequenzen
Betriebliche Weiterbildung
Institutionen der Weiterbildung
Effektivität
Teilnahme an Weiterbildung
Dauer der Weiterbildung
Nutzen der Weiterbildung
Effizienz/Kosten
Equity
Internationaler Vergleich der Bildungsdisparitäten
Gender
Menschen mit Behinderungen

Tabelle 5: Gliederung der nichtformalen Bildung *Weiterbildung* nach Themen

Das abschliessende inhaltliche Kapitel *Kumulative Effekte* «deckt erstens die Investitionen in Bildung und die Akquisition von Bildung im kumulativen Sinne ab», wobei *kumulativ* sowohl «zeitlich, d. h. über die ganze Bildungslaufbahn hinweg, verstanden» wird, «als auch in dem Sinn, dass es sich nicht nur um den Bildungserwerb während der formalen (schulischen) Bildung, sondern auch um den Erwerb von Bildung ausserhalb der Schule handelt» (SKBF, 2018: 304). Neben dieser «Betrachtung des kumulierten Kompetenzerwerbs widmet sich das Kapitel zweitens auch der Betrachtung von kumulierten Wirkungen, d. h. Bildungserträgen, die auf der individuellen Ebene sowohl monetäre (Einkommen) wie nichtmonetäre Effekte (Zufriedenheit und Gesundheit) umfassen» (ebd.).

Kumulative Effekte
Einleitung
Der Erwerb nichtkognitiver und kognitiver Fähigkeiten und deren Korrelation
Der Nutzen von Bildung
Der monetäre Nutzen von Bildung
Erwerbstätigkeit
Löhne
Externalitäten und fiskalische Renditen
Der nichtmonetäre Nutzen von Bildung
Gesundheit
Lebenszufriedenheit und Glück
Kriminalität
Umweltwissen und -verhalten
Politische Partizipation

Tabelle 6: Gliederung der *kumulativen Effekte* nach Themen

Abgeschlossen wird der Bildungsbericht von einem umfassenden Literaturverzeichnis (elf Seiten, jeweils unterteilt in drei Spalten) sowie einem Anhang, welcher die Prozessleitung des sog. Bildungsmonitorings ausweist und *Auskunftspersonen* sowie Expertinnen und Experten für die Mitarbeit verdankt.

3.3 Reflexion Funktion Bildungsbericht SKBF

Der *Bildungsbericht* soll *verdichtet aktuelles* Wissen über das *Bildungssystem* Schweiz liefern. Die Ordnungsform, anhand derer Elemente des Bildungssystems nach gemeinsamen Charakteren zusammengestellt werden, bildet, wie im *SJ*, eine Klassifikation in Anlehnung an die *ISCED-2011*. Die beschriebenen Bildungstypen sollen darüber hinaus entlang der Aspekte *Effektivität*, *Effizienz* sowie *Equity* bewertet werden. Zusätzlich werden die einzelnen Kapitel zu den Bildungsstufen und -typen durch «Analysen von exogenen Faktoren, die Einfluss auf das Bildungswesen haben» sowie durch «Analysen der sogenannten Outcomes» ergänzt (SKBF, 2018: 10).[39] Das Inhaltsverzeichnis bildet die Gliederung des Wissens zum Bildungssystem gemäss der Klassifikation in vertikaler Perspektive nach Bildungsstufen und -typen ab. Zusätzlich werden in die Gliederung *Rahmenbedingungen des Bildungswesens*, *Weiterbildung* sowie *Kumulative Effekte* aufgenommen.

Die Kategorien resp. interessierenden Aspekte des Bildungssystems, anhand derer die Bildungsstufen und -typen beschrieben werden, finden sich über die verschiedenen Kapitel verteilt, wobei sich diese auf verschiedene Handlungsebenen sowie Stufen und Typen – gemäss der zugrundeliegenden Klassifikation – beziehen. So werden im Kapitel *Rahmenbedingungen* drei *Gruppen von Faktoren* (demografische Faktoren, Faktoren der gesellschaftlichen Entwicklung, wirtschaftliche Faktoren) beschrieben, *welche einen direkten oder indirekten Einfluss auf das gesamte Bildungswesen oder Teile davon haben.* In drei Kapiteln zu *stufenübergreifenden Themen* (Kapitel: Obligatorische Schule) resp. *typenübergreifenden Themen* (Kapitel: Sekundarstufe II und Tertiärstufe) werden «bildungstypenübergreifende Themen» behandelt, wobei diese «entweder für alle Bildungstypen von Interesse oder hinsicht-

39 Unter *Outcomes* werden «Wirkungen von Bildung auf das Individuum und auf die gesamte Gesellschaft in einer biografischen oder längerfristigen Betrachtungsweise» verstanden (SKBF, 2018: 10).

lich einer komparativen Sichtweise, in der die verschiedenen Typen einander gegenübergestellt werden», relevant sind (SKBF, 2018: 10). Die interessierenden Aspekte sind dabei nicht einheitlich (vgl. Tabelle 1 in Kapitel 3.2). Die interessierenden Aspekte zu den Kapiteln *Bildungstypen* sind – ausser für die Fachmittelschule sowie die Höhere Berufsbildung – vereinheitlicht: Kontext, Institutionen, Effektivität/Kosten, Effizienz, Equity. Dabei zeigt sich innerhalb dieser Kategorien eine Selektivität für die verschiedenen Bildungstypen (vgl. Tabellen 2, 3, 4 in Kapitel 3.2). Die Gliederung in horizontaler Perspektive folgt (zumindest implizit), wie auch im *SJ*, dem einfachen ökonomischen Schema Kontext/Input–Prozess–Output/Outcome.

Das *Bildungssystem Schweiz* wird demnach, wie im *SJ*, durch eine Kategorisierung in Anlehnung an die *ISCED-2011* konstituiert (vgl. Abbildung 8 in Kapitel 3.2). Mit dem Ordnungsverfahren der Klassifikation und den Kategorien zugrundeliegenden Klassifikationsprinzipien wird ein Vergleich intendiert. Dieser bezieht sich – in Erweiterung zum *SJ* – stark auf kantonale (also territorial differenzierende) institutionelle Ähnlichkeiten und Unterschiede. So werden in den Kategorien *Kontext* und *Institutionen* innerhalb der Bildungstypen «kantonale Gemeinsamkeiten und Unterschiede thematisiert, die für die Interpretation von kantonal unterschiedlichen Bildungsergebnissen entscheidend sein können» (SKBF, 2018: 10).[40] Beispielhaft zeigt sich dieser Umstand im *Bildungsbericht* an Taxonomien und Statistiken, auf deren Grundlage die *SKBF* teilweise Berechnungen vorgenommen hat und die als Grafiken dargestellt werden. Messtheoretisch ausgedrückt, finden sich unter den Kategorien *Kontext* und *Institutionen* sowohl nominale wie auch kardinale Klassifikationen. Eine nominale Sinnstiftung klassifiziert nach Differenz, d. h., Objekte, Personen oder Ideen werden «in diskrete, sich nicht überschneidende Arten» sortiert (Barnard/Fourcade, 2021: 115) (vgl. Abb. 14).

Mit der kardinalen Sinnstiftung werden, wie bereits beim *SJ* gesehen, quantitative Vergleiche (mehr/weniger; grösser/kleiner usw.) möglich (vgl. Abb. 15 u. 16).

Neben der Fokussierung auf kantonale Gemeinsamkeiten und Unterschiede interessieren auch länderspezifische Vergleiche (vgl. Abb. 17 u. 18).

40 Dies geschieht «gerade bei jenen Bildungstypen, die vornehmlich oder ganz in der Verantwortung der Kantone liegen» (SKBF, 2018: 10).

141 **Vereinfachte Typologie der Aufnahme ins Kurzzeitgymnasium**

Daten: BiGym, IDES (für detailliertere Angaben siehe auch *Grafik 163*)

Typ 1: Im Regelfall findet eine Abschluss- oder Aufnahmeprüfung statt	Typ 2: Im Regelfall findet keine Abschluss- oder Aufnahmeprüfung statt
AG	BE
AI	BL
AR	BS
GL	FR
GR	GE
SG	JU
SH	LU
SZ	NE
TG	NW
ZH	OW
	SO (2013)
	TI
	UR
	VD
	VS
	ZG

Abbildung 14: Beispiel nominale Klassifikation (SKBF, 2018: 145)

219 **Jährliche Studiengebühren an universitären Hochschulen, 2017/18**

auf Bachelorstufe

Daten: Swissuniversities

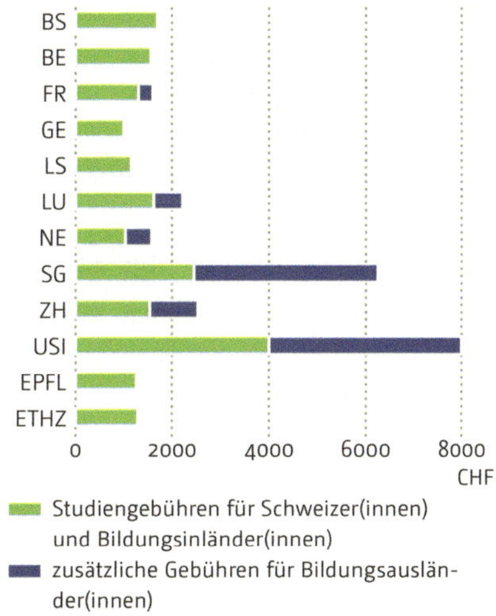

Abbildung 16: Beispiel 2 kardinale Klassifikation (SKBF, 2018: 207)

51 **Alter beim Eintritt ins 1. Schuljahr der Primarstufe in 13 HarmoS-Kantonen sowie im Aargau und im Thurgau, Schuljahr 2015/16**

Mit Korrektur der sich durch unterschiedliche Stichtage ergebenden Alterseffekte. Der HarmoS-Kanton Tessin wird aufgrund fehlender Daten, der HarmoS-Kanton Wallis aufgrund unterschiedlicher Stichtage der Regionen nicht aufgeführt.

Daten: BFS; Berechnungen: SKBF

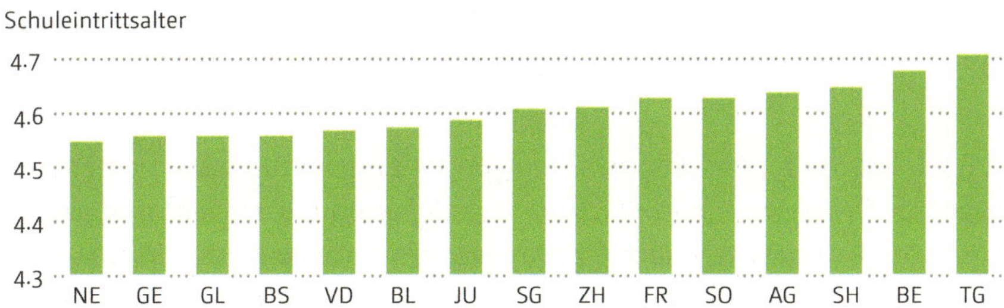

Abbildung 15: Beispiel 1 kardinale Klassifikation (SKBF, 2018: 58)

113 **Länderwerte beim Education-Employment-Linkage-Index (KOF-ELLI)**
Quelle: *Renold, Bolli, Caves et al., 2016*

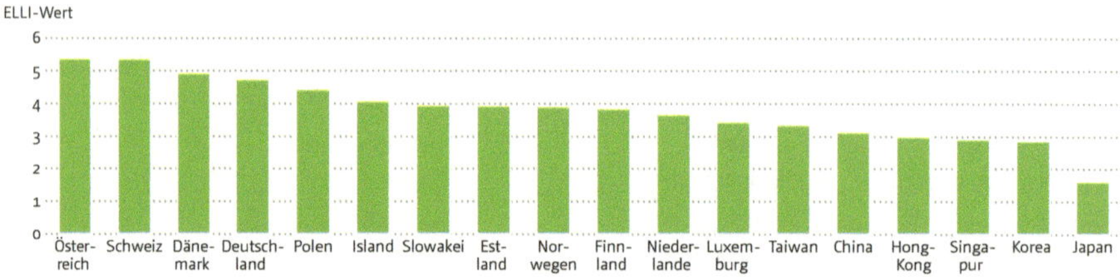

Abbildung 17: Beispiel 1 länderspezifischer Vergleich (SKBF, 2018: 121)

139 **Abschlussquote der allgemeinbildenden Sekundarstufe II und PISA-Punkte, im internationalen Vergleich, 2015**
Die PISA-Punkte entsprechen dem Durchschnitt aus den Leistungen in Mathematik, Lesen und Naturwissenschaften in den einzelnen Ländern im Jahr 2015
Daten: OECD

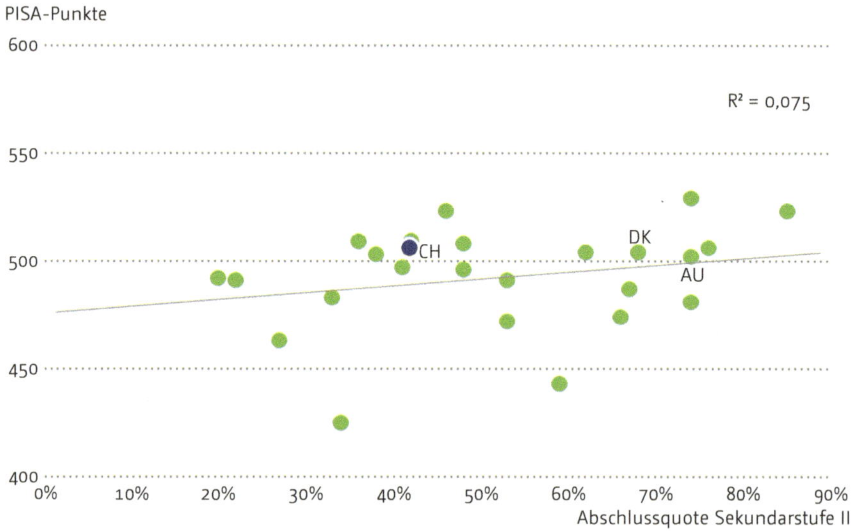

Abbildung 18: Beispiel 2 länderspezifischer Vergleich (SKBF, 2018: 143)

Mit Blick auf das Kapitel *Rahmenbedingungen* und auf die darin enthaltenen Kategorien *Demografie*, *Jugendliche im Schulalter* und *Wirtschaft und Arbeitsmarkt* wird als überwiegendes Ordnungsverfahren eine kardinale Klassifikation sichtbar. Die in diesem Kapitel erkennbaren quantitativen Vergleiche sind häufig diachron und retrospektiv (vgl. Abb. 19–21).

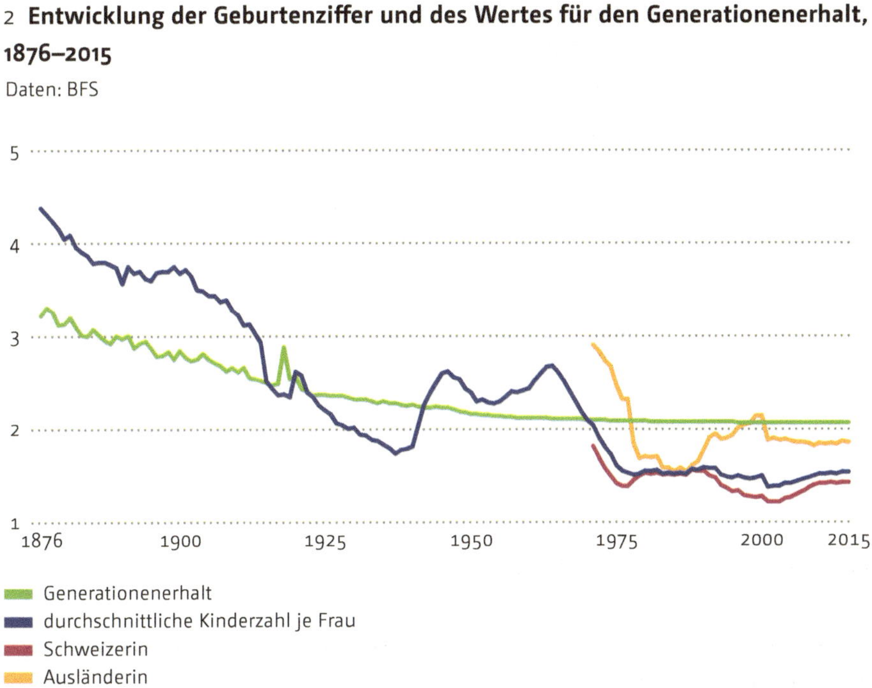

Abbildung 19: Beispiel 1 Rahmenbedingungen (SKBF, 2018: 15)

Dieser Sachverhalt trifft auch auf die Kapitel zu den *Bildungsstufen* zu, wobei auch prospektive Vergleiche erkennbar sind (vgl. Abb. 22).

Wie im *SJ* stellen in Bezug auf die Schriftlichkeit Tabellen resp. die in Grafiken transformierten Tabellen die wesentliche verwendete Form dar. Die satzförmigen Teile sind nach den statistischen Angaben logisch nachgeordnet. So werden eben primär quantitative Vergleiche möglich: sowohl räumliche (synchrone) als auch diachrone (zeitliche). Diese äussern sich auch in den satzförmigen Teilen,

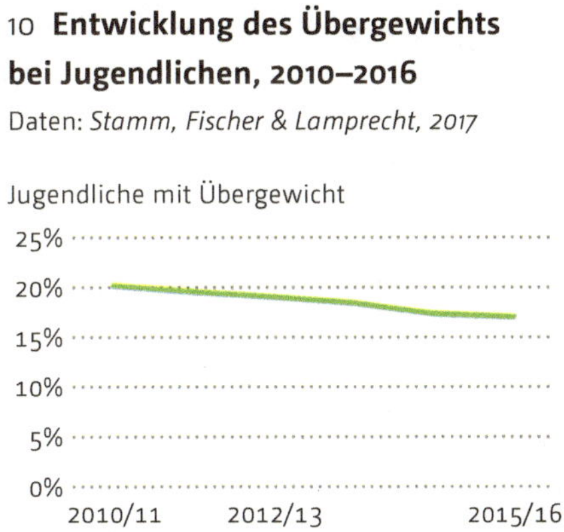

Abbildung 20: Beispiel 2 Rahmenbedingungen (SKBF, 2018: 19)

19 Erwerbslosenquote nach Bildungsniveau, 2004–2016

Daten: BFS; Erwerbslosenquoten nach dem ILO-Konzept; * ab 2010 wurden die Daten vierteljährlich erhoben, davor nur einmal im 2. Quartal des betreffenden Jahres

Abbildung 21: Beispiel 3 Rahmenbedingungen (SKBF, 2018: 26)

23 Entwicklung der Schülerzahlen der obligatorischen Schule, 1990–2025, Referenzszenario, Index 2015 = 100

Daten: BFS

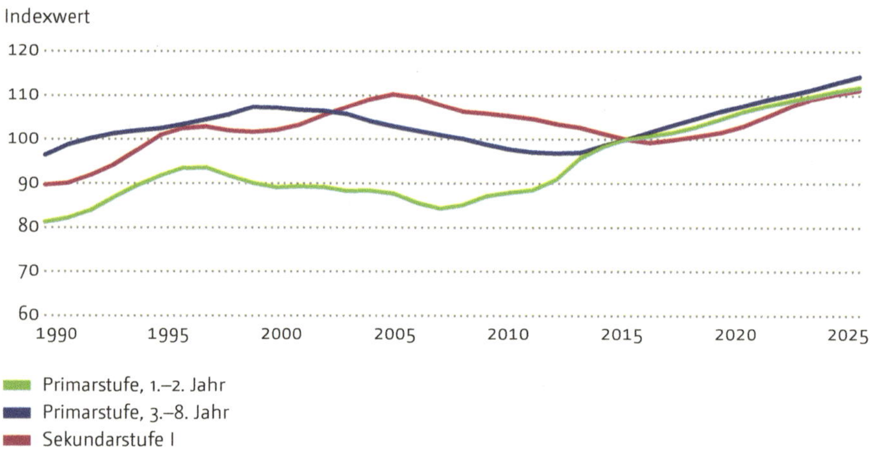

Abbildung 22: Beispiel Bildungsstufen (SKBF, 2018: 33)

bspw.: «Der Anteil übergewichtiger Schülerinnen und Schüler hat sich in den letzten fünf Jahren von 20 auf 17 % reduziert» (SKBF, 2018: 20). Neben solchen kardinalen Urteilen, die eben informativ bezogen auf steigernde Differenzfeststellungen sind, werden auch politische und rechtliche Entwicklungen beschrieben. Beispielhaft dafür steht im Kapitel *Obligatorische Schule*: «Im Zuge der Umsetzung des HarmoS-Konkordats wird die Dauer des Schulobligatoriums harmonisiert und auf elf Jahre festgelegt. Dies geschieht durch Einbindung der bereits vor dem HarmoS-Konkordat verbreiteten zweijährigen Vorschulstufe (heute Kindergarten oder die ersten zwei Jahre einer Eingangsstufe) in das Schulobligatorium. Die Einschulung gemäss HarmoS-Konkordat bezeichnet in erster Linie den Eintritt in ein obligatorisches Bildungsangebot. Die Schuljahre der obligatorischen Schule werden bei einer gesamtschweizerischen Darstellung deshalb von 1 bis 11 gezählt» (SKBF, 2018: 36).

Im *Bildungsbericht* wird in den oben beschriebenen Kapiteln und anhand der Kategorien auch versucht, über deskriptive Aussagen hinauszugehen und auf der Grundlage von statistischen Angaben, sog. quantitativen Erhebungen wie bspw. der PISA-Studie sowie wissenschaftlichen Studien, zu explikativen Aussagen zu gelangen resp. selektiv Zusammenhänge und Wirkungen zu (re-)analysieren. Beispielhaft zeigt sich dieses Vorhaben im Kapitel *Rahmenbedingungen*. Dort wird anhand dreier Faktoren die Gesundheit der Schülerinnen und Schüler in der Schweiz «exemplarisch beschrieben. In der Regel wird davon ausgegangen, dass diese Faktoren – das Körpergewicht, die körperliche Fitness und körperliche Behinderungen – einen Einfluss auf die schulische Leistung oder auf die Motivation haben» (SKBF, 2018: 19). Bezogen auf den Faktor *Übergewicht* würden internationale Studien zwar «positive Korrelationen zwischen Übergewicht und schlechten schulischen Leistungen» zeigen, allerdings würden die meisten Studien finden «dass diese keine kausalen Zusammenhänge darstellen, sondern vielmehr durch Drittvariablen verursacht werden, welche gleichzeitig einen Einfluss auf das Körpergewicht und die schulischen Leistungen haben» (ebd.: 19). Bezogen auf die *Jugenddelinquenz* wird festgehalten, dass diese «sowohl einen Einfluss auf die Bildung der Opfer sowie der Täter haben» kann. Allerdings seien auch bei diesen Studien «Korrelationen nur mit Vorsicht als kausale Zusammenhänge zu interpretieren» (ebd.: 22). Weitere Beispiele finden sich in den Kapiteln zu den *Bildungsstufen* unter den Kategorien *Kontext* sowie *Institutionen*, etwa bezogen auf die berufliche Grundbildung: «Die berufliche Grundbildung, insbesondere die betrieblich basierte berufliche Grundbildung, ist stärker als allgemeinbildende Ausbildungsformen von exogenen Faktoren abhängig. Die Quantität der angebotenen Lehrplätze hängt genauso wie die Qualität und die Typen der Ausbildung (Lehrberufe) nicht nur von den Wünschen und den Bedürfnissen der Lernenden ab, sondern auch von den Entscheidungen der Wirtschaft» (ebd.: 116); oder in Bezug auf die Schulgrösse auf der Sekundarstufe I: «Sieht man von den Infrastrukturausgaben ab, bedeutet eine kleinere Zahl von sehr kleinen Schulen allerdings nicht automatisch auch eine Effizienzsteigerung, da der Unterricht in leistungsdifferenzierten Klassen und die Wahlfachangebote der Sekundarstufe I selbst in Schulen, die grösser sind als jene auf der Primarstufe, zu kleinen Klassen und höheren Aufwendungen führen können» (SKBF, 2018: 81).

Gemäss Selbstbeschreibung der *SKBF* sowie der Zwecksetzung der politischen Auftraggeber soll der *Bildungsbericht* nicht auf deskriptive und explikative Komponenten (sog. *Tatsachenfeststellungen*) begrenzt werden, sondern eine *evaluative Gesamtschau des nationalen Bildungssystems* bieten (vgl. Kapitel 3.1). Das Bildungssystem Schweiz soll dementsprechend anhand der bildungspolitisch gesetzten Zielgrössen *Effektivität*, *Effizienz/Kosten* und *Equity* evaluiert werden, wie sie als Kategorien in den Kapiteln zu den Bildungstypen enthalten sind. Man will also zu ordinalen Urteilen (bspw. gut/schlecht resp. besser/schlechter, effizienter/ineffizienter, effektiver/weniger effektiv) gelangen (sowohl in diachroner wie auch in synchroner Hinsicht).[41]

41 Eine *Bewertung* und damit ein *Wert*-Urteil geht über deskriptiv-explikative Komponenten (Beschreibung, Erklärung) hinaus und besteht eben aus einer wertend-urteilenden und vorschreibenden (präskriptiven) Komponente. Im *Bildungsbericht* geht es um die Frage, was bildungspolitisch erwünscht ist (normative Komponente resp. bildungspolitische Zielsetzungen) (vgl. Heid, 2013: 406 f.): «Sachlich richtig ist eine Aktivität, die überzufällig (also *theorie*bezogen) bewirkt, was sie bezweckt – oder mit weniger rigorosem Richtigkeitsanspruch: eine Aktivität, die sich theoriebeziehbar eignet, unter gegebenen Bedingungen die Wahrscheinlichkeit des bezweckten Effekts zu erhöhen. Als *erwünscht* beurteilt werden kann die Aktivität nur mit Bezug auf ein *Bewertungs*kriterium, das vom Kriterium sachlicher *Richtigkeit logisch unabhängig* ist. […] Die Tatsache, dass die (kausalanalytische) Klärung des Gegenstands der Qualitätsbeurteilung rein quantitativ bei weitem den größten Umfang eines Qualitätsurteils ausmacht, begünstigt den Eindruck, das Qualitätsurteil bestehe bereits in dieser Gegenstandsklärung» (ebd.: 407; Hervorhebungen im Original). Um das Bildungssystem zu bewerten, «ist die *von Entscheidungen abhängige*

Das Ordnungsverfahren der Quantifizierung bietet dabei «eine einfache Möglichkeit, ordinale Urteile transparent und objektiv erscheinen zu lassen» (Barnard/Fourcade, 2021: 118). Dabei wird, wie bereits beim *SJ* gesehen, die Nähe von kardinalen zu ordinalen Urteilen sichtbar. Beispielhaft zeigt sich dies anhand der Abschlussquote auf der Sekundarstufe II. Während «Jugendliche mit Schweizer Nationalität, die in der Schweiz geboren wurden, mit einer Abschlussquote von 94% (2015) die politische Zielmarke von 95% fast erreichten, liegt diese Quote für Migrantinnen und Migranten recht weit von der Zielgrösse entfernt» (SKBF, 2018: 110f.). Ausserdem legen «neben den starken Unterschieden beim Erfolg auf der Sekundarstufe II aufgrund der Herkunft [...] die statistischen Daten auch deutliche Unterschiede zwischen den Kantonen offen. Die Quoten reichen von über 98% in den Kantonen Appenzell Innerrhoden, Nidwalden und Uri bis zu Quoten unter 85% in den Kantonen Genf und Waadt» (ebd.: 111). Die proklamierte *evaluative Gesamtschau des nationalen Bildungssystems*[42] wird allerdings bereits in der Einleitung relati-

---

normative Komponente der Urteilsbildung nicht nur logisch unentbehrlich, sondern praktisch *ausschlaggebend*. Denn von ihr hängt bereits ab, welche Sachverhalte überhaupt als beurteilungsrelevant in Betracht gezogen werden (sollten) und was davon als erwünscht (als Qualität i.e.S.) und was als unerwünscht (als Qualitätsmangel) bewertet werden soll» (ebd.: 410; Hervorhebungen im Original).

42 Die *SKBF* betreibt gemäss eigenem Anspruch Evaluationsforschung. Das Bildungssystem wird unter gewissen Wertgesichtspunkten und davon abgeleiteten Kriterien (Effizienz, Effektivität, Equity, kumulative Effekte) bewertet, um «daraus für weitergehendes Handeln Richtlinien zu entwickeln» (Meder, 2004: 398). Unter einer *evaluativen Gesamtschau des Bildungssystems* wäre zu verstehen, dass «das ganze System der Bedingungen untersucht» wird (ebd.), das Bildungsprozesse im systemischen Kontext ausmacht. Dann hätte man es «mit einer äußerst komplexen Wirkungsanalyse zu tun. Es müssen die Ressourcen an Raum, Zeit, Personal und didaktischen Hilfsmitteln – kurz: Geld – ebenso in Betracht gezogen werden wie die Medien der Kommunikation mit deren kulturellem Hintergrund oder die institutionelle und gesellschaftlich-politische Situiertheit oder die Symbolik der Kultur, in die der Bildungsprozeß eingebettet ist» (ebd.). Kultur müsste dabei «auf mindestens drei Ebenen betrachtet werden: auf einer Makroebene, auf der das Ganze bzw. die globalen Weltsichten, Werte und Symbole eines Kulturkreises in den Blick genommen wird, auf einer Mesoebene, auf der die Binnendifferenzierung des Globalen nach Schichten oder sozialen Formationen stattfindet, und schließlich auf der Mikroebene, auf der sich kulturelle Differenzen nach Alltagssituationen, Alter und Lebensstil zeigen. Neben diesen Rahmenbedingungen müssen die expliziten und ‹heimlichen› Zwecke und Ziele der

viert bzw. das Ziel des Berichts wird neu gesetzt: «‹Effektivität›, ‹Effizienz› und ‹Equity› können aufgrund unvollständiger statistischer Informationen oder fehlender Forschungsevidenz nur beschränkt evaluiert werden. Die Zielsetzung des Berichts ist es deshalb, jene Fragen, die auf der Basis der vorliegenden Befunde nicht oder nur unzureichend beantwortet werden können, ebenso explizit zu thematisieren wie jene, zu denen Antworten gegeben werden können» (SKBF, 2018: 10). Diese Selbstbeschränkung zeigt sich in den entsprechenden Kapiteln beispielhaft folgendermassen:

- «Zur Beurteilung der Effektivität der Primarstufe müsste die Erreichung der schulischen Leistungsziele gemäss den kantonalen Lehrplänen gemessen werden, was eine operationalisierte Zielformulierung für die Leistungen voraussetzen würde» (SKBF, 2018: 62).
- «Effizienzaussagen sind wegen fehlenden Daten zum Output (Leistungen, Persönlichkeitsentwicklung, Sozialisation) und der Schwierigkeit, den Input (z. B. individuelle Merkmale wie den Migrationshintergrund) adäquat zu erfassen, für die Primarstufe – wie für alle Bildungsstufen und -typen – nahezu unmöglich» (ebd.: 66).
- «Für eine Beurteilung des Outputs am Ende der Sekundarstufe I muss folglich die Erreichung multipler Ziele überprüft werden, was eine Gesamtbeurteilung der Effektivität auf kantonaler wie auf gesamtschweizerischer Ebene höchst schwierig macht» (ebd.: 86).

---

pädagogischen Maßnahmen und Programme in die Wirkungsanalyse einbezogen werden. Schließlich gilt es all die Bedingungen (Variablen) zu beachten, die methodisch-didaktisch die unmittelbare Lehr-Lern-Kommunikation beeinflussen» (ebd.: 398 f.). Da kein Design bekannt ist, das alle Bedingungen miteinbeziehen könnte, handelt es sich im *Bildungsbericht* – trotz der ausschweifenden politischen Rhetorik – um selektive Evaluationsbemühungen, die einem einfachen Basisdesign folgen. Eine solche Evaluation kann man auch «technologische Evaluation nennen, weil sie einerseits Rahmenbedingungen (z. B. Zielsetzungen) nicht in Frage stellt und andererseits damit auch inhaltliche Fragen zurückstellt» (ebd.: 399). Sie hat «nur zu prüfen, ob die zweckrationale Ableitung der Mittel (zur Realisierung der Ziele) mit der kausalanalytischen Erklärung übereinstimmt» (ebd.: 400). Dem *Bildungsbericht* liegt so einerseits keine schlüssige und wissenschaftlich allgemein akzeptierte Bildungstheorie zugrunde, andererseits findet keine bildungsphilosophische oder -historische Diskussion und Einordnung der Qualität der Zwecksetzungen statt.

- «Wie für das gesamte schweizerische Bildungswesen lassen sich auch für die Sekundarstufe I kaum Aussagen zur Effizienz machen, so dass hier vor allem die Unterschiede bei den (monetären) Kosten und den realen Inputs (wie Klassengrössen und Betreuungsquotienten) thematisiert werden» (ebd.: 93).
- «Die Chancengerechtigkeit auf der Sekundarstufe I lässt sich anhand unterschiedlicher Kriterien betrachten. Hauptsächlich geht es um die Frage, ob alle Jugendlichen unabhängig von ihrem Geschlecht und ihrem sozialen Hintergrund ihr individuelles Bildungspotenzial gleich gut ausschöpfen können. Diese Frage lässt sich allerdings in der Regel weder für ein Individuum noch für eine Gruppe schlüssig beantworten, weil man deren Bildungspotenziale nicht kennt. [...] Weil es aber insgesamt schwierig ist, das individuelle Bildungspotenzial und dementsprechend den Grad seiner Ausschöpfung zu bestimmen, werden in der Folge lediglich gruppenspezifische Leistungsunterschiede dokumentiert, die Anhaltspunkte für Equity-Probleme im System sein können» (ebd.: 98).
- «Wie in den früheren Bildungsberichten lässt sich aber aufgrund des Fehlens von vergleichbaren Massen für In- und Outputs über die Effizienz der Verwendung der monetären und nichtmonetären Inputs (bspw. Zeit der Lernenden) in Bezug auf die damit erzielten Outputs oder Outcomes wenig aussagen» (ebd.: 133).
- «Ob die Maturitätsnote nun eine gute Abbildung der am Gymnasium oder daneben erworbenen und für den Studienerfolg entscheidenden Kompetenzen darstellt oder ob sich Studierende mit einer guten Maturitätsleistung von den Mitstudierenden auch in anderen für den Studienerfolg entscheidenden Aspekten abheben, kann allerdings ohne experimentelle Analysen nicht gesagt werden» (ebd.: 152).
- «Die Beurteilung der Effizienz der Gymnasialbildung ist wie bei allen Bildungsstufen schwierig» (ebd.: 156).
- «Angesichts der Schwierigkeiten, die Effizienz adäquat zu messen, wird der Schwerpunkt der folgenden Ausführungen auf den Vergleich der Kosten der universitären Hochschulen gelegt, sowie auf mögliche Erklärungen der Kostenunterschiede» (ebd.: 217 f.).
- «Im Bereich der Lehrerinnen- und Lehrerbildung gibt es jedoch kein allgemeines Outputmass, das die Effektivität der Ausbildung adäquat abbilden würde. Schon auf theoretischer Ebene herrscht keine Einigkeit, was

ein solcher Output sein könnte; dazu kommt, dass die Datenerhebung im Hinblick auf die Unterrichtswirksamkeit sehr aufwändig ist. Die folgenden Ausführungen beschränken sich folglich auf einen Vergleich der Kosten» (ebd.: 264).

- «Die Wirksamkeit von Weiterbildungsanstrengungen müsste sich im direkten Output zeigen, also etwa in der Verbesserung jener Kompetenzen, die Gegenstand der Bildungsmassnahme waren. Allerdings sind die Ziele von Weiterbildungsaktivitäten so vielfältig wie die Teilnehmenden selbst, und die grosse Heterogenität bei den Inhalten, dem Umfang und der Intensität erschweren eine einheitliche Bestimmung der Zielerreichung» (ebd.: 293).
- «Wegen der beschriebenen Schwierigkeiten, die Effektivität von Weiterbildung zu beurteilen, sind selbst bei Vorliegen von Angaben zu den Kosten oder zur investierten Zeit keine Effizienzaussagen möglich, weshalb hier einzig die Kostenseite zwar im Detail, aber ohne Bezug zum Nutzen analysiert werden kann» (ebd.: 297).

Vereinzelt finden sich im *Bildungsbericht* dennoch ordinale Klassifikationen, welche «Sachverhalte entlang eines bestimmten Merkmals in eine Rangfolge» brin-

189 **Lesekompetenzen nach Typ des (ersten) Tertiärabschlusses sowie Total**
Data: TREE (9. Welle), PISA 2000 (nationales Sample); Berechnungen: SKBF

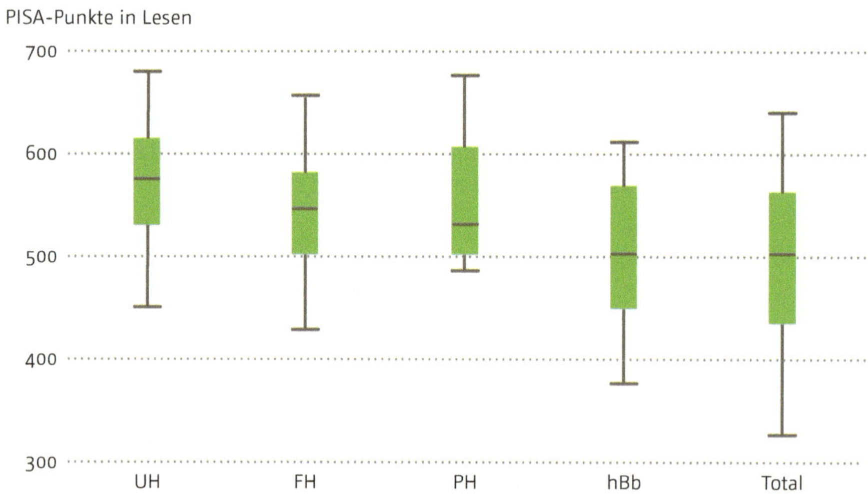

Abbildung 23: Beispiel 1 ordinale Klassifikation (SKBF, 2018: 183)

gen (Barnard/Fourcade, 2021: 118). Ordinale Ordnungsverfahren zielen auf Bewertungen ab, sie «sind eine Sonderform von Vergleichen: Etwas ist besser, schöner, leistungsfähiger als etwas anderes» (Heintz, 2021: 10):

Zu dieser Grafik (Abb. 23) findet sich folgender Kommentar: «Innerhalb der Gruppe der Personen mit einem Abschluss der höheren Berufsbildung sind die Leseleistungen der Abgängerinnen und Abgänger von höheren Fachschulen besser als jene der Inhaberinnen und Inhaber eines eidgenössischen Fachausweises bzw. einer eidgenössischen Berufsprüfung, jedoch geringer als jene der Absolventinnen und Absolventen einer Fachhochschule» (SKBF, 2018: 183).

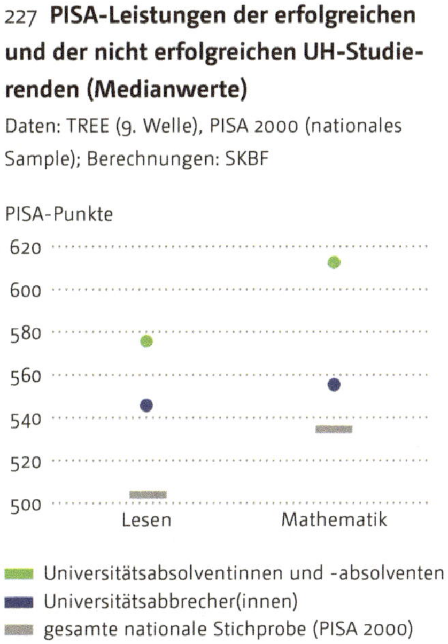

Abbildung 24: Beispiel 2 ordinale Klassifikation (SKBF, 2018: 214)

Kommentiert wird die Grafik (Abb. 24) folgendermassen: «Personen, die ein Universitätsstudium abgebrochen haben, hatten schon am Ende der obligatorischen Schule über geringere Lese- und Mathematikkompetenzen verfügt als Personen, die das Studium erfolgreich abgeschlossen haben. Ob sich diese Unterschiede durch weitere Merkmale (wie bspw. die Fächerwahl) erklären lassen oder aber unabhängig von anderen Faktoren bestehen, bedarf weiterer Untersuchungen» (ebd.: 214).

Im abschliessenden Kapitel *Kumulative Effekte*[43] wird *Bildung* im Hinblick auf einen monetären sowie einen nichtmonetären Nutzen eingeordnet resp. bewertet. Einerseits wird der *kumulierte Kompetenzerwerb* betrachtet,

43 Der «Begriff ‹kumulativ› im Titel dieses Kapitels [ist] in mehrfachem Sinne zu verstehen. Er deckt erstens die Investitionen in Bildung und die Akquisition von Bildung im kumulativen Sinne ab. ‹Kumulativ› wird dabei sowohl zeitlich, d.h. über die ganze Bildungslaufbahn hinweg, versstanden, als auch in dem Sinn, dass es sich nicht nur um den Bildungserwerb während der formalen (schulischen) Bildung, sondern auch um den Erwerb von Bildung ausserhalb der Schule handelt» (SKBF, 2018: 304).

andererseits *kumulierte Wirkungen*, d.h. Bildungserträge, «die auf der individuellen Ebene sowohl monetäre (Einkommen) wie nichtmonetäre Effekte (Zufriedenheit und Gesundheit) umfassen und auf der gesellschaftlichen Ebene neben den fiskalischen Renditen auch nichtmonetäre Effekte wie beispielsweise eine funktionierende Demokratie einschliessen» (SKBF, 2018: 304). Die Bewertung des *Nutzens* von Bildung erfolgt im Hinblick auf das Kriterium des *Nettonutzens*: «Investitionen in Bildung haben nicht nur einen Nutzen, sondern kosten auch. Deshalb ist bei der Beurteilung einer Bildungsinvestition immer der Nettonutzen entscheidend; der Kostenseite muss demzufolge ebenso grosse Beachtung geschenkt werden wie der Nutzenseite, wenn es den Erfolg einer individuellen oder staatlichen Bildungsinvestition zu beurteilen gilt» (SKBF, 2018: 306). In einem Exkurs wird auf das Problem «bei der Messung des Nutzens von Bildungsinvestitionen» eingegangen, dieses besteht u.a. darin, dass «gewisse Bildungseffekte sich erst langfristig und in einer dynamischen Form zeigen» (ebd.: 306f.). Der monetäre Nutzen von Bildung wird auf verschiedenen Handlungsebenen beurteilt (individuelle Ebene: Wirkungen des Kompetenzerwerbs auf das Wohlergehen der Person; gesellschaftliche Ebene, Makroebene: Wirkung des kollektiven Kompetenzerwerbs auf die Wettbewerbsfähigkeit und somit auf das Wachstum der Wirtschaft eines Landes; Mikroebene: Personen mit besserer und längerer Ausbildung sollten höhere Einkommen erzielen und damit auch höhere Steuererträge generieren). Bei der Beurteilung des *nichtmonetären Nutzens* von Bildung wird darauf verwiesen, dass diese Effekte zwar nichtmonetärer Natur seien, «weil sie nicht direkt in Geldwerten gemessen werden können, schaffen aber sowohl auf individueller als auch gesamtgesellschaftlicher Ebene monetären oder monetär bewertbaren Nutzen» (ebd.: 314). Auch in diesem Kapitel wird anhand von Zusammenhangs- und Wirkungsanalysen versucht, zu explikativen Aussagen zu gelangen. Wie in den vorangehenden Kapiteln auch, wird an verschiedenen Stellen auf Probleme eines solchen Vorhabens verwiesen, dafür beispielhaft stehen folgende Aussagen: «Wie bei der individuellen Bildungsrendite ist auch hier bei der kausalen Interpretation der Beziehung zwischen Bildung und fiskalischen Erträgen Vorsicht geboten» (ebd.: 312) und: «wie bei allen Zusammenhängen zwischen Bildung und den verschiedensten monetären und nichtmonetären Outcomes ist der kausale Zusammenhang trotz starker statistischer Korrelationen nicht immer gegeben» (ebd.: 314) sowie «die vielen denkbaren direkten und indirekten Einflüsse wie auch die Möglichkeit, dass sich Bildung negativ auf die Lebenszufriedenheit auswirkt, erschweren eine präzise empirische Identifizierung der Wirkungskanäle» (ebd.: 316).

Wie auch im *SJ* wird im *Bildungsbericht* der Rückgriff auf Aspekte von Wissenschaft als *Sinnstütze* durch die Anwendung statistischer Methoden und Regularien, darüber hinaus durch den Einbezug wissenschaftlicher Studien, die Zusammenhangs- und Wirkungsanalysen ermöglichen sollen, plausibel. Die Ordnung wird durch eine Klassifikation mittels Benennung territorialer und institutioneller Einheiten konstituiert. Die *Wissenschaftlichkeit* des *Bildungsberichts* bezieht sich hauptsächlich auf quantitative Vergleiche von Kategorien, die aus den institutionellen Feldern herausgearbeitet werden. Darüber hinaus werden verfügbare Daten und Befunde aus unterschiedlichen Quellen mit Blick auf bildungspolitische Zielsetzungen (re-)analysiert und in ihren gesellschaftlichen Auswirkungen und Erträgen interpretiert. In deskriptiver Hinsicht werden auch rechtliche und politische Entwicklungen referiert. Der Anspruch einer *evaluativen Gesamtschau* des Bildungssystems Schweiz erweist sich – für Deutschland haben dies bereits Kai Maaz und Stefan Kühne festgestellt (vgl. Maaz/Kühne, 2018: 376) – als überaus komplex. Dies liegt einerseits am Gegenstand *Bildung* resp. einer Theorie des Gegenstandes *Bildung*, damit verbunden mit der auch im *Bildungsbericht* konstatierten institutionellen Heterogenität sowie den unterschiedlichen politischen Zuständigkeiten. Darüber hinaus wäre ein etwas komplexeres Design notwendig, wie auch im Bildungsbericht ansatzweise (auf einer methodischen Ebene) selbst bemerkt wird (und zwar auch dann, wenn das Bildungssystem nur unter einzelnen ökonomischen und politischen Gesichtspunkten betrachtet wird). So werden die unterschiedlichen analytischen Bezugseinheiten und Faktoren der Makro-, Meso- und Mikroebene, die für die Transformation von Inputs in Outputs eine Rolle spielen, nicht systematisch hergeleitet, d. h. unter eine anspruchsvolle theoretische Kontrolle gestellt. Sie werden aufgrund einzelner Studien im Rahmen einer «schon recht betagten Grundidee bestimmt: Rahmenbedingungen bestimmen die inneren Prozesse im Bildungswesen, und diese Prozesse führen zu bestimmten Auswirkungen bzw. Folgen. Allgemeiner: Bestimmte Voraussetzungen sachlicher, personaler, finanzieller und intellektueller Art vor und im Bildungswesen führen zu institutionalisierten und programmgesteuerten Lehr-, Lern-, Bildungs- und Sozialisationsprozessen, die bei den Individuen, Gruppen, Kohorten etc. zu kurz- und langfristigen Wirkungen führen» (Terhart, 2021: 215). Anders formuliert: Das etablierte

Modell ist vor dem umfassenden, systematischen Anspruch wissenschaftlich gesprochen *nicht hinreichend* für die Auswahl der Faktoren.[44] Damit sind auch bezogen auf das schweizerische Bildungssystem «im Wesentlichen deskriptiv explorative Analysen möglich und nur begrenzt Zusammenhangs- oder gar Wirkungsanalysen» (Maaz/Kühne, 2018: 393). Beispielhaft zeigt sich dieser Umstand im Bildungsbericht neben den bereits erläuterten Beispielen weiter an folgenden Stellen: «Weil es aber insgesamt schwierig ist, das individuelle Bildungspotenzial und dementsprechend den Grad seiner Ausschöpfung zu bestimmen, werden in der Folge lediglich gruppenspezifische Leistungsunterschiede dokumentiert, die Anhaltspunkte für Equity-Probleme im System *sein können*» (SKBF, 2018: 98; Hervorhebung B. B.) oder: «Der Indikator Studienerfolgsquote *könnte* – wenn man annimmt, dass ein erfolgreicher Studienabschluss auch den Erwerb der zu erreichenden Kompetenzen (und damit die Ausbildungsqualität) bescheinigt – Hinweise auf die Effektivität der Ausbildung an Fachhochschulen liefern. Allerdings hängt die Studienerfolgsquote auch von der Selektionsstrategie bzw. den Qualitätsstandards einer Hochschule ab. Eine tiefe Studienerfolgsquote *kann* deshalb auch Ausdruck für hohe Qualitätsansprüche in einem Studiengang sein und eine hohe Erfolgsquote ein Indikator für bescheidene Ansprüche» (ebd.: 235; Hervorhebungen B. B.). Der Bildungsbericht vermag so die herangezogenen Daten vor dem Hintergrund bildungspolitischer und -rechtlicher Rahmenbedingungen zu diskutieren und Vergleichsmöglichkeiten anzubieten (inter- und intranational, nach Personen- und Institutionengruppen, sowie ökonomischer und politischer Kriterien): «Das normative Gerüst ist vielfältig und gekennzeichnet von Ambivalenzen

44 Das bedeutet nicht, dass dieses Modell wertlos ist, wie sich auch an einigen interessanten Befunden im Bildungsbericht zeigt. So kann bspw. Hartmut Esser durchaus zugestimmt werden, wenn er das Ziel von Wissenschaft in der «Erklärung des Komplexen durch das Einfache – und nicht umgekehrt» sieht (Esser, 1994: 17). Modelle werden im Wissenschaftssystem überprüft bzw. auf ihre Erklärungskraft hin getestet. Das Problem besteht aus wissenschaftlicher Sicht darin, dass ein (zu) schlichtes Modell unter offensichtlich nicht haltbaren Ansprüchen (*evaluative Gesamtschau* des Bildungssystems) im Hinblick auf politische Zielgrössen auf einer theoretischen Ebene in einem politischen Zusammenhang nicht problematisiert sowie in seinen Geltungsansprüchen hinreichend eingeordnet wird (epistemologisch, methodologisch, ontologisch).

und Widersprüchen. Diese unterlaufen jeden Versuch, ein geschlossenes theoretisches Gebäude zu errichten» (Maritzen/Tränkmann, 2015: 244).

Auch im *Bildungsbericht* wird ein bereits implizit angesprochener, normativer Rahmen für die Auswahl und Interpretation der Daten resp. bezogen auf den Ordnungsbereich *Bildung* gesetzt. Allgemein gesprochen, deckt *Bildung* die «Inkludierung nachwachsender und erwachsener Generationen in ein sich änderndes nationalstaatliches und zunehmend weltgesellschaftliches Kultur- und Anforderungsgefüge ab» (Terhart, 2021: 219). Die bildungspolitischen Zieldimensionen (Effektivität, Effizienz, Equity, kumulative Effekte) sind vom Bildungssystem, verstanden als gesellschaftliches Teilsystem, her gedacht (zunehmend wird auch die ausserschulische Bildung fokussiert). Damit ist mit *Bildung* «die Gestaltung von Gelegenheitsstrukturen für individuelle Bildungsprozesse gemeint, nicht die Beobachtung des vom Individuum ausgehenden Selbstentwicklungsprozesses nach klassischen bildungstheoretischen Vorstellungen» (Maaz/Kühne, 2018: 381). Dies zeigt sich im *Bildungsbericht* bspw. an Ausdrücken wie *Investitionen in Bildung* und *Akquisition von Bildung*. Aus einer aktuellen Einschätzung der gesellschaftlichen Verfasstheit werden «positive Bildungsziele» bestimmt, und es wird die allgemeine Frage gestellt, ob «Bildungsinstitutionen substanzielle und hinreichende Grundlagen für die Bewährung eines jeden in der gesellschaftlichen Praxis» legen (Maritzen/Tränkmann, 2015: 236).

Bezogen auf die Sachdimension der bereits angesprochenen Selektionsweise im *Bildungsbericht* kommt, wie im *SJ*, quantitativen Angaben eine übergeordnete Bedeutung zu. Auch im *Bildungsbericht* kann die Berechnungsweise dieser Angaben nicht im Detail mitreflektiert werden. So sind auch hier, wenn *Bildung* als Gegenstand eines Wissens aus Zahlen, die Fakten sind resp. als *Evidenz* ausgegeben werden, die Paradoxien des Werdens resp. eine spezifische Wachstums-Logik angelegt. Dies zeigt sich nicht nur in der Darstellungsweise der Daten, mit der Orientierung an der Quantifizierung und den Bewertungskriterien werden nicht nur «Situationen als Grenzsituationen» dargestellt, in denen «der Ernstfall regiert – die Erfordernisse der Organisation», die unter einem stetigen «Zwang zur Optimierung» stehen (Konersmann, 2021: 43). Auch die Bildungsforschung selbst erliegt aufgrund des auf die «Operationen des Messens» zurückgenommenen Maßes einem «‹unendlichen quantitativen Progreß›: dem im Begriff des Messens bereits angelegten Prinzip der grenzenlosen Mehrung, Steigerung und Überbietung» (ebd.: 15). Der *Zauber der Zahl* bzw. die vom Glauben an die Zahl getragene Ordnung der Dinge vermag Grenzen in Herausforderungen umzudeuten, wie sich auch im *Bildungsbericht* beispielhaft zeigen lässt. Im Vorwort der Auftraggeber steht etwa: «Darüber hinaus erlaubt er [der Bildungsbericht; B. B.], die Qualität der Datenlage in den unterschiedlichen Bereichen und auf den unterschiedlichen Stufen des Bildungssystems einzuschätzen. Datenlücken, die fundierte Beurteilungen oder Massnahmenplanungen erschweren, können so identifiziert und mittels weiterer Studien geschlossen werden» (SKBF, 2018: 6) oder: «Die heute intensiv diskutierte Digitalisierung bietet vielfältige Chancen, die Bildungsberichterstattung in den kommenden Jahren erheblich zu bereichern: Immer mehr Informationen werden zugänglich und können auf intelligente Weise so in Beziehung gesetzt werden, dass Qualität und Durchlässigkeit des Bildungsraums besser beschrieben und verstanden werden können. Daraus ergibt sich grosses Potenzial für die qualitative Weiterentwicklung unseres Bildungssystems» (ebd.: 7). Bei den Verfassern heisst es in der Einleitung, wie bereits an anderer Stelle zitiert wurde: «‹Effektivität›, ‹Effizienz› und ‹Equity› können aufgrund unvollständiger statistischer Informationen oder fehlender Forschungsevidenz nur beschränkt evaluiert werden» (ebd.: 10). Die mit dem *unendlichen quantitativen Progreß* verbundene *statistische Normaldepression* zeigt sich im Bildungsbericht etwa am Beispiel des stetigen Anstiegs des Bildungsniveaus: «Der Anteil der 25- bis 34-Jährigen mit Hochschulbildung hat sich in den letzten 20 Jahren mehr als verdoppelt. So verfügt heute in der Schweiz praktisch jede dritte Person dieser Generation über einen Hochschulabschluss» (ebd.: 175). Dieses Mehr ist demnach auch immer ein Weniger. Ist ein Hochschulabschluss ein (zuverlässiges) Indiz für ein höheres Bildungsniveau, bedeutet dies, dass die älteren Generationen gleichzeitig relativ gesehen inkompetenter werden: «Jede Kompetenzsteigerung einer Schülergeneration entwertet die Kompetenz der vorangegangenen und jede/r Einzelne müsste lebenslang bedauern, zu früh aus der Schule gekommen zu sein» (Brosziewski, 2018: 63).

3.4 Bilanzierung der Ordnung Bildungsbericht SKBF

Die allgemeine Fragestellung, *wie sich eine Ordnung mit Wissen in berichtenden Formen mit Bezug auf Bildung stabilisiert*, wurde in dieser Fallstudie exemplarisch anhand des *Bildungsberichts Schweiz* der *Schweizerischen Koordinationsstelle für Bildungsforschung* in drei Schritten überprüft.

Das nationale sog. Bildungsmonitoring, worunter die systematische und auf Dauer angelegte Beschaffung und Aufbereitung von Informationen über ein Bildungssystem und dessen Umfeld verstanden wird, nahm seinen Ausgangspunkt in der Schweiz in den 1970er Jahren in einer Phase des historisch beispiellosen Schul- und Hochschulausbaus und intensiver Schulreformdebatten. In dieser Phase entstand auf Seiten der Politik ein Bedarf an sozialwissenschaftlicher Expertise. Dabei wurde u. a. das politische Programm einer *Politik der neuen Steuerung* etabliert, das auf historisch neue Dimensionen der Standardisierung der Lernanforderungen und regelmässige Erfolgskontrollen setzte. Aufgrund dieser Entwicklung konnte sich die sog. Bildungsforschung etablieren. Diese führt ihren bildungspolitisch legitimierten Auftrag institutionell als Koordinationsstelle für Bildungsforschung aus. Ziel dieser Bildungsforschung ist die Etablierung eines für das schweizerische Bildungssystem spezifischen Konzepts der Systembeobachtung und Systemsteuerung. Vorwiegend gestützt auf statistische Daten, u. a. sog. Struktur-, Entwicklungs- und Leistungsdaten, bereitet die Bildungsforschung diese auf und führt Analysen vor dem Hintergrund politischer Zielsetzungen durch. Der Anspruch besteht darin, eine evaluative Ordnung präsentieren zu können, damit auf einer solchen Grundlage Bildung geplant, bildungspolitisch entschieden, Rechenschaft abgelegt werden kann und öffentliche Diskussionen geführt werden können. Kernstück dieses Konzepts stellt der *Bildungsbericht* dar. Dieser hat sich seit der ersten Publikation 2006 (damals als sog. Pilotfassung) als berichtende Form von Bildung in der Schweiz etabliert und erscheint zyklisch (grundsätzlich alle vier Jahre). Vor dem Hintergrund und in Weiterführung der Etablierung statistischer Ordnungsverfahren und einer stetigen Entwicklung und Ausdifferenzierung der gesellschaftlichen Berichterstattung fokussiert der Bericht ein bewertendes Ordnungsverfahren, welches als Sonderform des Vergleichs betrachtet werden kann. Der Bildungsbericht soll sowohl innerstaatlich als auch international die Leistungsfähigkeit des nationalen Bildungssystems bewerten.

Wie das *Statistische Jahrbuch* basiert auch der *Bildungsbericht* im Grundsatz auf der *International Classification of Education (ISCED)* der *UNESCO* resp. der entsprechenden Adaption der *Schweizerischen Konferenz der kantonalen Erziehungsdirektoren EDK*. Die anhand dieser Klassifikation beschriebenen Bildungstypen sollen entlang der politischen Zielgrössen *Effektivität*, *Effizienz* und *Equity* bewertet werden. Die Kategorien bzw. die interessierenden Aspekte des Bildungssystems, anhand derer die Bildungsstufen und -typen beschrieben werden, beziehen sich auf verschiedene Handlungsebenen sowie Bildungsstufen und -typen. Die Analysen erfolgen vor dem Hintergrund einer ökonomischen Vorstellung der Funktionsweise des Bildungssystems: Bestimmte Voraussetzungen sachlicher, personaler, finanzieller und intellektueller Art vor und im Bildungswesen führen zu institutionalisierten und programmgesteuerten Lehr-, Lern-, Bildungs- und Sozialisationsprozessen, die bei den Individuen, Gruppen, Kohorten etc. zu kurz und langfristigen Wirkungen führen. *Bildung* wird dabei in diesem Berichterstattungsbeispiel als Gegenstand eines Wissens aus Zahlen konstituiert, die als Fakten angenommen werden.

Die im Bildungsbericht intendierten Vergleiche und Bewertungen beziehen sich stark auf kantonale Differenzen, wobei eben *quantitative* Vergleiche und Bewertungen (sowohl synchron als auch diachron) ein besonderes Gewicht erhalten. Einerseits finden sich in diesem Bericht Sachurteile (Beschreibungen und Erklärungen), wie sie dem Anspruch von Wissenschaft als Sinnstütze entsprechen, andererseits Werturteile, wie sie dem Anspruch von Politik als Sinnstütze entsprechen: Das schweizerische Bildungssystem *soll* effizient, effektiv sein, und alle Lernenden *sollen* im Bildungssystem ihr individuelles Bildungspotenzial unabhängig von ihrer Herkunft ausschöpfen können. Informativ ist der Bericht vorwiegend in Bezug auf Deskriptionen sowie Erklärungen im Sinne von berichteten Korrelationen. Dieser Umstand ist auch dem normativen Rahmen und damit der Selektionsweise des Berichts geschuldet, oder anders: der Leistungsfähigkeit des proklamierten Konzepts der Systembeobachtung und Systemsteuerung. Aus wissenschaftstheoretischer Sicht werden epistemologische, methodologische sowie ontologische Probleme sichtbar. Insbesondere zeigen sich vor dem Hintergrund der umschweifenden und unbescheidenen politischen Rhetorik (*evaluative Gesamtschau des schweizerischen Bildungssystems*) Probleme des ökonomischen Konzepts von *Bildung*: Es stellen sich etwa Fragen bezogen auf die Konstitution von *Bildung* sowie auf das *Bildungssystem* (Fragen der Theorie), auf die Auswahl, Modellierung und Berechnung relevanter Faktoren (Fragen des Designs) sowie auf eine historische und philosophische Vergewisserung (bspw. Legitimationsprobleme in Evaluationsprojekten). U. a. aufgrund solcher Probleme werden im untersuchten Bericht *Effektivität*, *Effizienz* und *Equity* nur sehr beschränkt evaluiert. Der *Bildungsbericht* folgt politischen und ökonomischen Interessen: Von Relevanz sind Kriterien zählbaren Erfolges wie Effizienz oder Effektivität sowie die politisch sedimentierte Erwartung von *Equity* an das Bildungssystem. Vor dem Hintergrund von Wissenschaft als *Sinnstütze* erfolgt eine Reflexion primär auf einer methodischen Ebene, da die politischen Zielsetzungen von der Bildungsforschung nicht in Frage gestellt werden (können). Der Bericht vermag so primär eine deskriptiv-explorativ zu verstehende Ordnung zu liefern, ergänzt um begrenzte bzw. selektive Zusammenhangs- und Wirkungsanalysen.

Funktional ist diese Berichterstattung hauptsächlich für die Verwaltung und die Politik. Wie im *Statistischen Jahrbuch* zeigt sich auch im *Bildungsbericht*, dass vormals klassische Praxisfelder wie Bildung mit einer Quantifizierung als Systeme hervortreten, womit der Fokus auf *das Bildungssystem* der Schweiz gelegt wird. *Bildung* wird als Institution thematisiert: Sie deckt die Inkludierung nachwachsender und erwachsener Generationen in ein sich änderndes nationalstaatliches und zunehmend weltgesellschaftliches Kultur- und Anforderungsgefüge ab. Mit der Quantifizierung und den bildungspolitischen Zielgrössen werden Erfordernisse der Organisation sichtbar gemacht (*Bildung* wird eben infrastrukturell). Bildung steht unter einem stetigen Zwang zur Optimierung. Damit wird das statistisch und ökonomisch wohlbekannte Problem des *unendlichen quantitativen Progresses* evoziert.

4. Bildungsbeilage NZZ

4.1 Einführender Teil: Kontext

Die *Bildungsbeilage NZZ*, veröffentlicht als integrierte Beilage der *Neuen Zürcher Zeitung (NZZ)*, wird von der *NZZ-Mediengruppe* herausgegeben. Sie ist eingebettet in die Institution Presse, worunter allgemein die «Bezeichnung für die gesellschaftliche Einrichtung von Öffentlichkeit herstellenden und die Allgemeinheit informierenden Massenmedien mit ihren Organisationen, Unternehmen und Akteuren» verstanden wird (Raabe, 2013: 271). Die *NZZ* ist eine täglich erscheinende Zeitung. Unter *Zeitung* wird «üblicherweise ein Medium verstanden, das periodisch (also regelmäßig) erscheint, aktuelle und universelle Inhalte (also vielseitige Themen bzw. vermittelte Standpunkte) aufweist sowie allgemein zugänglich ist (Publizität)» (Schönhagen/Meißner, 2021: 56). Wesentliche Kennzeichen einer solch journalistisch vermittelten Kommunikation sind: Abwesenheit der Kommunikationspartner, Sukzessivität der Mitteilungen bzw. von Mitteilung und Kenntnisnahme, Medienkonzentration durch das zunehmende Einschalten von professionellen Vermittlern sowie eine Medienverwaltung durch Spezialisten (vgl. ebd.: 63 f.). Die Anfänge des Journalismus sehen Schönhagen/Meißner «in der systematischen Sammlung und konzentrierenden Bearbeitung von Nachrichten sowie ihrer Verbreitung an eine breite Öffentlichkeit» (ebd.: 64). Eine besondere Eigenschaft von Kommunikationsmedien – so auch journalistischer Kommunikationsmedien – ist es, «Bedeutungen zu vermitteln und damit sinnhafte Kommunikation zu schaffen» (Künzler, 2013: 56 f.). Die Inhalte publizistischer resp. journalistischer Kommunikationsmedien sind «nicht-fiktional, tendenziell an Aktualität und gesellschaftlicher Relevanz bzw. an Relevanz für eine bestimmte Zielgruppe ausgerichtet» (ebd.: 62). Ziele journalistischer Kommunikation können in der Meinungsbildung, dem Auslösen von Debatten über bestimmte Themen, dem Anprangern gesellschaftlicher Missstände sowie in der Vermittlung von Weltbildern, Normen und Werten gesehen werden (vgl. ebd.: 63). Das moderne Pressewesen ist Resultat einer Entwicklung, die in der Schweiz eng mit der Entwicklung der Demokratie verbunden ist. So werden heute Journalismus und politische Tätigkeit «zunehmend für unvereinbar gehalten» (ebd.: 225).

Genauso wie das *Bundesamt für Statistik* oder die *Schweizerische Koordinationsstelle für Bildungsforschung* bringt die *NZZ-Mediengruppe* u. a. mit der *Bildungsbeilage NZZ* «in eine determinierte, wenn auch unbekannte Welt einen Bereich der Selbstdetermination» ein (Luhmann 1995/2009: 41). Das Problem liegt dabei in der unvermeidlichen und gewollten Selektivität, da es eben keine «Punkt-für-Punkt Korrespondenz zwischen Information und Sachverhalt» geben kann (Luhmann 1995/2009: 41). In den Berichten können unterschiedlichste Formen der Selektion – und damit Ordnungsverfahren – erwartet werden: U. a. «Kategorisierungen jeder Art», also «die Darstellung konkreter Sachverhalte in allgemeinen Begriffen» (ebd.: 96). Ähnlich, wie dies Desrosières (2005) für statistische Ordnungsverfahren erläutert, beruht laut Luhmann die «Stabilität (= Reproduktionsfähigkeit) der Gesellschaft in erster Linie auf der Erzeugung von *Objekten*, die in der weiteren Kommunikation vorausgesetzt werden können» (Luhmann, 1995/2009: 121; Hervorhebung im Original). Diesen Zusammenhang von Konfirmierung und Generalisierung beschreibt er folgendermassen: «Das Identifizierte wird in ein Schema überführt oder mit einem bekannten Schema assoziiert. Es wird bezeichnet und dadurch bestätigt, und dies so, daß es auch für andere Rückgriffe in anderen Situationen denselben Sinn behalten kann» (ebd.: 53). Erst die Kommunikation verleiht «den Sachverhalten Bedeutung», «Sinnkondensate, Themen, Objekte entstehen [...] als ‹Eigenwerte› des Systems massenmedialer Kommunikation» (ebd.). Massenmedien steigern die «Irritierbarkeit der Gesellschaft und dadurch ihre Fähigkeit, Informationen zu erarbeiten. Oder genauer: Sie steigern die Komplexität der Sinnzusammenhänge, in denen die Gesellschaft sich der Irritation durch selbstproduzierte Differenzen aussetzt» (ebd.: 102 f.). So entstehen als faktischer Effekt dieser «Dauertätigkeit des Erzeugens und Interpretierens von Irritation durch zeitpunktgebundene Information» die «Welt- und Gesellschaftsbeschreibungen, an denen sich die moderne Gesellschaft innerhalb und außerhalb des Systems ihrer Massenmedien orientiert» (ebd.: 119). Die Funktion von Massenmedien scheint – auch in Abgrenzung zu Wissenschaft und Recht – zu sein, «allen Funktionssystemen eine gesellschaftsweit akzeptierte, auch den Individuen bekannte Gegenwart» und die

Festlegung von Zukunftserwartungen zu garantieren (ebd.: 120). Luhmann verweist dabei auf eine *Orientierungsfunktion* im kognitiven, normativen und evaluativen Bereich (vgl. ebd.). Damit sieht Luhmann die Funktion der Massenmedien auch in der *Repräsentation von Öffentlichkeit*: Diese garantiert «im laufenden Geschehen Transparenz und Intransparenz zugleich, nämlich bestimmtes thematisches Wissen in der Form von jeweils konkretisierten Objekten und Ungewißheit in der Frage, wer wie darauf reagiert» (ebd.: 128). Allerdings bemerkt auch Luhmann – und das ist hier bezogen auf die öffentliche Berichterstattung von Relevanz –, dass die Presse eben keinen «Exklusivanspruch auf Realitätskonstruktion» für Gesellschaften hat (ebd.: 125). Im Unterschied zu Nachrichten sind berichtende Formen der Presse nicht von Tagesereignissen abhängig, sie «informieren über die Kontexte etwaiger Neuigkeiten» (ebd.: 52). Der Neuigkeitswert von Berichten liegt dabei nicht «in der für alle gleichmäßig fließenden Zeit, sondern ergibt sich aus dem vermuteten Wissensstand des Publikums oder angesprochener Teile des Publikums» (ebd.: 52). Die Presse erzeugt Berichtskontexte, in denen «vergessene Neuigkeiten wieder Informationswert gewinnen» (ebd.).

Die Anfänge des modernen Pressewesens wie auch die der *Neuen Zürcher Zeitung* können zu Beginn des 17. Jahrhunderts gesehen werden. An die Stelle eines «humanistischen *uomo universale* trat nun die gelehrte Sozietät» (Maissen, 2005: 15; Hervorhebung im Original). In solchen *Aufklärungsgesellschaften*, zu denen ab 1679 etwa das *Collegium Insulanum* in Zürich gehörte, diskutierten «Kaufleute, zukünftige Magistraten, Mediziner und angehende Pfarrer unter anderem umstrittene Autoren wie Descartes, Kopernikus, Grotius oder Spinoza» (ebd.). Mehr und mehr wurde Herrschaftswissen einer breiteren Öffentlichkeit zugänglich gemacht. Herrscher konnten sich in diesem Zusammenhang «nicht länger als Statthalter Gottes und Beschützer des wahren Glaubens präsentieren», sondern sie verdankten ihr Amt dem Konsens von Untertanen, die in ihnen die «Garanten ihrer Sicherheit und ihres Wohlergehens anerkannten» (ebd.: 16). Anerkennung ergab sich nunmehr «aus der stets erneuerten, rationalen Überprüfung und aus aufgeklärter Kritik der obrigkeitlichen Leistungen, wie sie gerade in den gelehrten Gesellschaften allmählich üblich wurden» (ebd.). Die entscheidende Kommunikationsrevolution im Europa der frühen Neuzeit war nicht der Buchdruck, «sondern die Entwicklung der Infrastruktur der Kommunikation, d. h. der Post- bzw. Verkehrsnetze» (Schönhagen/Meißner, 2021: 18). So wiesen solche Debatten «schon bald über die lokalen Sozietäten hinaus: Einerseits vernetzten sich diese national und international» sowohl durch «den Austausch von Zeitschriften und durch die Gründung von Dachverbänden wie der berühmten *Helvetischen Gesellschaft*» (Maissen, 2005: 16; Hervorhebung im Original). Zu Beginn des 17. Jahrhunderts wurde der Buchdruck «zur Rationalisierung der Zeitungsproduktion genutzt» (Schönhagen/Meißner 2021: 18), womit zunehmend mediale Öffentlichkeiten anstelle von Präsenzöffentlichkeiten bestimmend wurden (vgl. ebd.). Während im 16. Jahrhundert «Novellanten periodische Briefzeitungen im Auftrag einzelner Interessenten» erstellten und diese später begannen, diese «Nachrichtensammlungen, die sie bislang nur für ihre Auftraggeber zusammengestellt hatten, öffentlich anzubieten» (ebd.: 49), entwickelten sich im Laufe des 17. und 18. Jahrhunderts «nicht nur die Zeitungen weiter, sondern es entstanden mit den Zeitschriften weitere Printmedien mit anderen Funktionen» (ebd.: 19). Gesellschaft erfuhr sich so zunehmend «als solche, ja entstand überhaupt erst, weil ihre Glieder in der massenmedial erzeugten Öffentlichkeit an denselben Informationen teilhatten und sich dort auch darüber austauschen konnten» (Maissen, 2005: 18).

Auf das Jahr 1605 wird die wohl erste gedruckte Wochenzeitung in Europa datiert. Deren Inhalt, wie bereits aufgrund der obigen Ausführungen anzunehmen ist, «bestand vor allem aus militärisch-politischen Nachrichten aus dem In- und Ausland, weitere Themen waren u. a. Handel, Verbrechen und Hinrichtungen, Naturereignisse und bisweilen Sensationsmeldungen» (Schönhagen/Meißner 2021: 54). Auf dem heutigen Gebiet der Schweiz erschien die erste Wochenzeitung im Jahr 1610 in Basel (vgl. ebd.). Ab 1672 erschien die sog. Montags-Zeitung als «Vorläuferin der seit 1780 und noch heute erscheinenden Neuen Zürcher Zeitung (NZZ)» (ebd.). Aufgrund der dargelegten Entwicklungen wurden Zeitungen bereits um die Mitte des 17. Jahrhunderts zum «wichtigsten weltlichen Lesestoff» (ebd.: 57), sie ermöglichten grundsätzlich eine flächendeckende und regelmässige Publizität sowie eine Säkularisierung des Politischen.[45] Damit stellten Zeitungen eine Voraussetzung dafür dar, dass über diverse Themen ein breiter kommunikativer Austausch in der Gesellschaft erfolgen konnte, der dann wieder Gegenstand der Vermittlung werden konnte. Auch Schönhagen/Meißner weisen auf den bereits von Luh-

45 Für politische Wochenzeitungen des 17. und 18. Jahrhunderts war das Konzept der Unparteilichkeit zentral.

mann erkannten Umstand hin, dass «eine Überschaubarkeit der vermittelten Kommunikation […] nur durch Auswahl (Selektion) und Konzentration zu erreichen» ist (Schönhagen/Meißner 2021: 58). Mit dem hier skizzierten «revolutionären Umbruch in der gesellschaftlichen Kommunikation in Europa» und dem damit verbundenen «Prinzip der autonomen, am Markt orientierten Fremdvermittlung wurde es möglich, Kommunikation auf Distanz unabhängig und umfassend im Dienste der gesamten Gesellschaft zu vermitteln» (ebd.: 64). In dieser systematischen Sammlung und konzentrierten Bearbeitung von Nachrichten sowie ihrer Vermittlung an eine breite Öffentlichkeit können die Anfänge des Journalismus gesehen werden (vgl. ebd.).[46] Im 18. und 19. Jahrhundert weitete sich der Lesekreis durch Lesegesellschaften weiter aus. Zudem veränderten sich die Pressemedien «im Zuge der Industrialisierung an der Wende zum 19. Jahrhundert, die neue technische sowie sozial-politische Rahmenbedingungen mit sich brachte» (ebd.: 69). Der gesellschaftliche Wandel führte zu «veränderten Kommunikationsbedürfnissen und einer entsprechenden Nachfrage nach erweiterten Medien(inhalten)» (ebd.: 70). Neben dem allgemeinen Nachrichtenbedarf wurden zunehmend auch Medien relevant, die «spezielleren Informationsbedürfnissen dienten, wie z. B. Gelehrtenjournale der wissenschaftlichen Kommunikation» (ebd.). Weiter spielten zunehmend Unterhaltungsfunktionen eine Rolle. Mit der Ausweitung der Presselandschaft bereits im 17. und 18. Jahrhundert entstanden also neue Typen von Zeitschriften, etwa die historisch-politische Zeitschrift «aus dem Bedürfnis, die aktuellen Nachrichten in ihrer Bedeutung zu erörtern aber auch im Sinne aktueller Geschichtsschreibung einzuordnen» (ebd.). Damit einher ging auch eine politische Einflussnahme in der Öffentlichkeit sowie die Entwicklung eines politisch orientierten Meinungsjournalismus. Ein weiterer Typus waren die moralischen Wochenzeitschriften mit einem unterhaltenden sowie erzieherischen Charakter. Erst im 19. Jahrhundert kann die Zeitung als Massenmedium gesehen werden. Mit dem Wandel der gesellschaftlichen, politischen sowie technischen Rahmenbedingungen – Politisierung der Gesellschaft, Bevölkerungswachstum, Verstädterung, zunehmende Bildung, Industrialisierung – veränderten sich auch die Kommunikationsbedürfnisse.

46 Die so angelegte Möglichkeit bedeutet selbstverständlich nicht auch uneingeschränkte Umsetzung der Möglichkeit. Diese unterliegt historisch diversen Einflüssen wie etwa der Zensur und ökonomischen Interessen.

Dies zeigte sich etwa an einem grundsätzlich breiteren Informationsbedürfnis (vgl. ebd.: 91).

Mit der Gründung des modernen Bundesstaates 1848 entstand das bis heute existierende politische System in der Schweiz mit der Legislative, welche die Exekutive wählt. Heute werden die Medien, neben der Legislative, der Exekutive und der Judikative, häufig als eine weitere, sog. *vierte Gewalt*, bezeichnet (vgl. Ebnöther, 2017: 139). Eine Demokratie wird als «öffentlich» bezeichnet und ist auf «mündige Bürger» angewiesen. Sie verlangt als «wesentliche Elemente eine gleichberechtigte Teilnahme aller Staatsbürger sowie offene Willensbildungs- und Entscheidungsprozesse» (ebd.: 143). Eine zentrale Funktion wird dabei den Medien zugeschrieben, «sie versorgen die Bevölkerung während des gesamten politischen Entscheidungsprozesses via Zeitungen, Zeitschriften, Radio, Fernsehen, Internet, Social Media usw. mit Informationen und Auslegungen, sodass sie sich eine eigene Meinung zu einem politischen Thema bilden kann» (ebd.: 143 f.). Neben der Aufgabe, «die staatlichen Institutionen, weitere politische Akteure sowie die politischen Vorgänge und Zustände kritisch zu analysieren, sie zu begleiten und zu kommentieren», haben Medien auch die Funktion, «durch ihre Berichterstattung die Politiker, aber auch die Verwaltung auf Themen und Probleme aufmerksam zu machen, die bis anhin keine Beachtung fanden» (ebd.: 144). Gegen Ende des 19. Jahrhunderts entstanden zudem die modernen Parteien und die dazugehörige Parteipresse (vgl. Schönhagen/Meißner 2021: 92). Weiter wurde ein einheitlicher Binnenmarkt geschaffen, und wirtschaftliche Liberalisierungen wurden vorangetrieben. Entwicklungen in Infrastruktur und dem Verkehrswesen verbesserten die Nachrichtenbeschaffung. In diesen Zeitraum fällt dann auch die Gründung von weltweit tätigen Nachrichtenagenturen. In der Schweiz wurde 1894 eine eigene Nachrichtenagentur – die Schweizerische Depeschenagentur (SDA) – gegründet. Die Meinungspresse blieb in der Schweiz noch bis zur Mitte des 20. Jahrhunderts dominant (vgl. ebd.: 99 f.). Bereits seit dem 19. Jahrhundert war allerdings eine zunehmende Professionalisierung des Journalismus zu beobachten: Journalismus wurde zunehmend zu einem Haupt- oder Vollberuf, dies führte zu einer verstärkten Spezialisierung und Strukturierung (Ressorts) in den Redaktionen. Es entstanden spezifische Ausbildungsangebote sowie journalistische Berufsorganisationen. In den 1970er Jahren schlossen sich viele Gesinnungszeitungen zu neutralen Forumszeitungen zusammen. Die Medien lösten sich «von ihrer traditionellen

Trägerschaft: vom Staat [...] und von den Parteien, welche sich eine Zeitung geleistet hatten, um einerseits ihre Mitglieder zu informieren und andererseits an der demokratischen Meinungsbildung teilzuhaben. An diesen Aufgaben orientierte sich herkömmlich die Auswahl von Informationen, während sie heute immer stärker auf Nutzen und Unterhaltung hinausläuft und zumeist nicht mehr nach weltanschaulichen Kriterien ausgesucht wird, sondern nach ökonomischen» (Maissen, 2005: 287). Mit dieser Profitorientierung und einer verstärkten «Konkurrenz, mehr Umfang, mehr Aufwand und geringere[n] Werbeeinnahmen» gingen Konzentrationsprozesse und der Aufbau von Mediengruppen einher (ebd.: 288).

Die *NZZ-Mediengruppe* konzentriert sich als eine der grössten Mediengruppen in der Schweiz auf die Innerschweiz, die Ostschweiz und auf Zürich. In der Präambel der publizistischen Leitlinien findet sich folgende Selbstbeschreibung: «Das Unternehmen NZZ steht für eine unabhängige Publizistik aus dem Geist des klassischen Liberalismus. Die Publikationen der NZZ sind mit allen ihren Formaten und Plattformen dem Grundgedanken der individuellen und wirtschaftlichen Freiheit verpflichtet. In einer Zeit, in der die Konsumenten mit Informationen überflutet werden, vermittelt die NZZ Orientierung». Und weiter: «Wir berichten über die Welt, wie sie ist, und informieren faktentreu, fair und vorurteilslos». Darüber hinaus benötige Demokratie «informierte Meinungsbildung und den ungehinderten Austausch». Die NZZ ist «1780 im Geist der Aufklärung entstanden. Die Werte der Aufklärung bilden bis heute ihre Richtschnur: Achtung der Menschenwürde, Toleranz, kritisches und selbstständiges Denken sowie die Lust an der intellektuellen Auseinandersetzung» (Präambel NZZ, 2022). Bereits früh finden sich in der *NZZ* Thematisierungen von Erziehung, Bildung, Schule und Unterricht: Bspw. Unterrichtsangebote in sog. Avertissements (etwa in einer Ausgabe von 1782) oder Nachrichten über die Notwendigkeit des Unterrichts von Bevölkerungsteilen durch die Franziskaner (ebenfalls in einer Ausgabe von 1782). Auch über Erziehungserfordernisse wird berichtet (in einer Ausgabe aus dem Jahr 1780), und auch die Thematisierung von Defiziten der moralischen Bildung von Kindern findet Eingang in die Berichterstattung (1781). Integrierte Beilagen zu den Themen Erziehung und Bildung, die dem Pressetyp der Themenpresse, welche in die Tagespresse eingebettet ist, zugeordnet werden können (vgl. Künzler, 2013: 70 f.), finden sich etwa in den Mittagsausgaben der *NZZ*, so bspw. vom 6. März 1947 unter dem Titel *Schule und Erziehung*. Darin wird in eher kürzeren Berichten u. a. *das Uebungskontor an Handelsmittelschulen* bezogen auf die in Kritik stehenden Mittelschulen eingeordnet oder es wird *aus dem Leben der Privatschulen* berichtet. Etwas ausführlichere Berichte finden sich zur Bergschule *Casoja* auf der Lenzerheide, zur *Kritik und deren Beantwortung* bezogen auf *Arbeitswochen* an den Mittelschulen sowie zu einer Einordnung des *Privatschulwesens in der Nachkriegszeit*. Die Berichte werden teilweise durch Fotografien und Zeichnungen illustriert. Ergänzt wird die Beilage durch Anzeigen, hauptsächlich von Schulen. Der Umfang ist mit sechs Seiten (davon drei Seiten Anzeigen) relativ gering. Auch spätere Beilagen unter der Überschrift *Schule und Erziehung*, wie exemplarisch diejenigen vom 26. Februar 1953 oder vom 19. Februar 1976, weisen grundsätzlich dieselbe Struktur auf. Die Berichte werden sowohl von Korrespondenten und Redakteuren der *NZZ* als auch von externen Berichterstattern (bspw. Dr. M. Gschwind vom Hochalpinen Töchterinstitut Fetan oder Dr. Peter Graf von der Akademischen Berufsberatung Bern) verfasst. Eine deutliche Veränderung, die vor dem Hintergrund der oben skizzierten gesellschaftlichen Entwicklungen nachvollzogen werden kann, ist mit der integrierten Beilage *Bildung und Erziehung* in der *NZZ* vom 14. September 1989 gegeben. Die Begründung, warum die Beilage unter neuem Namen erscheint, kann der Beilage selbst entnommen werden: «Die bisher unter dem Titel *Schule und Erziehung* erschienene Beilage der NZZ heisst neu und fortan *Bildung und Erziehung*. Aufgegriffen werden darin weiterhin Themen vorab der organisierten, schulisch vermittelten Elementar-, Allgemein- und Berufsbildung, insbesondere im voruniversitären Bereich, aber auch Fragen der Menschen- und Charakterbildung, der (Wert-) Erziehung innerhalb wie ausserhalb der Schule. Über diesen bleibenden Schwerpunkt hinaus will die Beilage aber auch dem Phänomen einer fortschreitenden Entschulung und Verlängerung des Lernens in der modernen *Lerngesellschaft* vermehrt Rechnung tragen. Die damit verbundene Öffnung auch für nichtschulische Bildungsträger (Betriebe, Verbände, Stiftungen) und für marktorientierte Formen der Fort- und Weiterbildung soll mit dem neuen Titel zum Ausdruck gebracht werden».[47] Neben dieser angepassten Ausrichtung erscheint die Beilage neu sechsmal jährlich statt bisher viermal. «Der auf Dauer gestellte Wandel in Wirtschaft und Gesellschaft macht auch vor dem Bildungs- und Erziehungsbereich nicht halt, setzt diesen unter einen an-

47 NZZ vom 14. September 1989: 81.

haltenden Veränderungs- und Reformdruck, der kritisch reflektiert sein will. Evident ist auch die zunehmende Bedeutung der in Bildung und Erziehung geleisteten Arbeit – in einem Kontext, wo es darum geht, die Menschen geistig, seelisch und beruflich auf Lebenswirklichkeiten vorzubereiten, die mehr als früher im Flusse sind und im Flusse bleiben».[48] Der Umfang der Beilage nimmt zu, so umfasst die erste Beilage *Bildung und Erziehung* dreizehn Seiten (davon sechs Seiten Anzeigen). Zusätzlich ist auf der ersten Seite der Beilage ein Inhaltsverzeichnis *(Aus dem Inhalt)* enthalten. Neben Fotografien finden sich nun auch statistische Diagramme in den Berichten. Bereits eine grobe Durchsicht der ausgewählten Beilagen zeigt, dass heute gesellschaftlich (und auch erziehungswissenschaftlich) vermeintlich neu verhandelte pädagogische Probleme eben häufig neue alte Probleme sind, bspw.: *Mehr Urteilskraft in Umwelt- und Technikfragen, Wo stehen unsere Mittelschulen? Notwendige Reformen, Brutalovideos als Problem der Erziehung, Das liberale Bildungsideal. Herausforderung an Schule, Universität und Gesellschaft, Sind Kindheit und Erziehung am Ende? Veränderte Vorstellungen und pädagogische Konsequenzen.* Mittlerweile lautet der Name der Beilage nur noch *Bildung*.

Mit dieser historischen Vergewisserung und Kontextualisierung wird die *Bildungsbeilage NZZ* als Bericht mit Bezug auf den Ordnungsbereich Bildung erkennbar. Im Kontext der Genese des Bundesstaates und der Entwicklung des modernen Pressewesens hat sich die *NZZ* seit ihren Anfängen im Jahr 1780 des Bildungsbereichs angenommen und diesen in zunehmender thematischer Ausdifferenzierung aufbereitet und zur Darstellung gebracht. Die Berichterstattung der *NZZ* soll über die Welt informieren, wie sie *ist*, d.h. faktentreu und vorurteilslos. Gerade vor dem Hintergrund eines *auf Dauer gestellten Wandels in Wirtschaft und Gesellschaft*, welcher vor dem Bildungsbereich nicht Halt mache, sieht die *NZZ-Mediengruppe* ein Erfordernis nach Berichterstattung. Im Folgenden wird die Ausgabe der Bildungsbeilage, welche am 24. November 2021 (Nr. 274, 242. Jahrgang) erschienen ist, analysiert. In Kapitel 4.2 wird die berichtete Ordnung beschrieben, damit in Kapitel 4.3 eine Reflexion auf die Funktion dieser berichtenden Form mit Bezug auf Bildung stattfinden kann. In Kapitel 4.4 wird eine Bilanzierung der Ergebnisse vorgenommen.

48 NZZ vom 14. September 1989: 81.

4.2 Ordnung Bildungsbeilage NZZ

Die *Bildungsbeilage NZZ* vom 24. November 2021 ist als Sonderbeilage an die NZZ vom 24. November 2021 angehängt. Sie gliedert sich gemäss Inhaltsübersicht in zwölf Beiträge:

Inhalt

ELSBETH STERN
Die ETH-Professorin plädiert für Intelligenztests an Primarschulen
Seite 3

AUF EINEN BLICK
Diese Fächerprofile haben Maturanden 2020 gewählt
Seite 5

MINT-GYMNASIUM
Die Schule mit dem Zauberwürfel-Roboter
Seite 6, 7

ASSMA ABDALLAH
Die 16-Jährige hat es ans Gymi geschafft – trotz Mühe in Deutsch
Seite 8

SAMUEL LOCHER
Der Banker wagt den Quereinstieg als Lehrer
Seite 8

GABRIEL KREIENBÜHL
Von der Piste ins Schulzimmer und wieder zurück
Seite 9

REBECCA WUNDERLI
Sie hat das Gymi abgebrochen – heute studiert sie an der Uni
Seite 9

NERVÖSE ELTERN, GESTRESSTE SCHÜLER
Was läuft schief bei der Gymiprüfung?
Seite 9

PHILOSOPHIE/PSYCHOLOGIE/PÄDAGOGIK
Viele Frauen, wenig Männer – und die «Gschpürsch mi»-Frage
Seite 10

DER MATURAGRABEN
Sind Glarner weniger intelligent als Genfer?
Seite 11

CHANCENGERECHTIGKEIT
Ein neuer Verein nimmt einen neuen Anlauf
Seite 13

DIGITALISIERTER UNTERRICHT
So lernen Schüler am Bildschirm, wie Medien funktionieren
Seite 15

Abbildung 25: Inhaltsübersicht Bildungsbeilage NZZ (Bildungsbeilage NZZ, 2021: 2)

Die Beiträge sind unterschiedlich umfangreich, sie reichen von einer Spalte bis zu zwei Seiten. Die Darstellung der Beiträge folgt dabei dem für die *NZZ* typischen fünfspaltigen Format. Mit dem Titelblatt umfasst die Bildungsbeilage sechzehn Seiten (davon vier ganze Seiten Anzeigen, wobei auf den Beitragsseiten ebenfalls einzelne Anzeigen geschaltet sind). Das Titelblatt besteht aus einer Fotografie und dem Titel, der die thematische Ausrichtung der Beilage anzeigt: *Gymnasien. Algorithmen statt Bleistift und Papier* (vgl. Abb. 26).

Vor der Inhaltsübersicht ist eine Einleitung in das Thema durch den für die Bildungsbeilage verantwortlichen Redaktor mit dem Titel *Alles auf Mint?* platziert. Darin werden einerseits eigene Erfahrungen mit der gymnasialen Maturität des Redaktors und andererseits Erfahrungen eines aktuellen Absolventen dargelegt (diese werden in einem eigenen Beitrag ausführlicher dargestellt) sowie weitere Beiträge einleitend vorgestellt. Dabei werden aktuelle Problemlagen der gymnasialen Maturität in der Schweiz angesprochen: Fachkräftemangel im sog. *Mint*-Bereich (Mathematik, Informatik, Naturwissenschaften und Technik); Musterprojekte von Schulen, welche sich ein *technisches Profil* gegeben haben; durch welche Strategien sich vermehrt *Maturanden für ein technisches Fach* an Universitäten entscheiden sollen; die *radikale* Veränderung unserer Welt durch Digitalisierung und ihre Implikationen für den Schulunterricht.

Abbildung 26: Titelblatt Bildungsbeilage NZZ (Bildungsbeilage NZZ, 2021: 2)

Die fachliche Expertise der neun mitwirkenden Redaktorinnen und Redaktoren gemäss Studienabschlüssen bezieht sich überwiegend auf Geschichte, Publizistik, Germanistik und Politikwissenschaft, in geringer Zahl auf Sprach- und Literaturwissenschaft, Philosophie, Soziologie und in einem Fall auf Pädagogik.

Die zwölf Beiträge weisen unterschiedliche formale Elemente auf: Interview, statistische Darstellung, Kommentar, Erfahrungsberichte und Fallgeschichten. Die Textelemente werden ergänzt durch Bilder, statistische Abbildungen und Zitate. Die Anzeigen beziehen sich überwiegend auf (private) Institutionen von Aus- und Weiterbildungen,[49] eine Buchwerbung[50] sowie eine Uhrenwerbung (vgl. Abb. 27).[51]

Im ersten Beitrag wird ein Interview mit einer ETH-Professorin für Lehr- und Lernforschung abgebildet, ergänzt um eine kurze Erläuterung des Tätigkeitsfeldes der Professorin sowie eines herausgestellten Zitats.[52] Zentrales Thema ist eine proklamierte Chancenungleichheit beim Zugang ans Gymnasium. Im Interview wird auf die (hohe) Gymnasialquote, gymnasiale Aufnahmeprüfungen, den Mathematikunterricht, Zugangskriterien zum Gymnasium (*Intelligenz und Begabung* anstatt *soziale Herkunft*), Lösungsmöglichkeiten für das Problem der Chancenungleichheit und auf die Fragen eingegangen, worauf Defizite zurückzuführen sind (mangelnde *Intelligenz* oder *schlechter Unterricht*) und was *guten Unterricht* ausmacht. Auch Fachkräftemangel und die Geschlechterdebatte im Bildungsbereich spielen eine Rolle.

Der zweite Beitrag besteht einerseits aus einem einspaltigen Kommentar mit der Überschrift *Die Mint-Welle bleibt aus*, andererseits aus einer statistischen Infografik zur Frage nach den am häufigsten gewählten Fachbereichen von Schweizer Maturandinnen und Maturanden. Informationsgrundlage stellen Daten sowohl des Bundesamtes für Statistik sowie der Schweizerischen

49 Junior Academy, Juventus Wirtschaftsschule, Hochschule für Wirtschaft Zürich, Lyceum Alpinum Zuoz, Hochalpines Institut Ftan, ETH Zürich, Zurich International School, International School Zurich North, Freies Gymnasium Zürich, FHNW Hochschule für Wirtschaft, Kolleg St. Blasien, Neue Schule Zürich, Freie Evangelische Schule, Stiftschule Engelberg, Academia Schools.

50 Chronos Verlag, Buchtitel: *Bildung als Verantwortung.*

51 NZZ Shop.

52 *Wir müssen dafür sorgen, dass im Gymnasium Intelligenz und Begabung zählen und nicht die soziale Herkunft.*

Abbildung 27: Beispiel Anzeige (Bildungsbeilage NZZ, 2021: 12)

Koordinationsstelle für Bildungsforschung dar. Auf einer Grafik, welche die Schweiz unterteilt in die Kantone abbildet, wird anhand von vier Schwerpunkten (*Philosophie/Psychologie/Pädagogik und Künste, Mint, Sprachen, Wirtschaft und Recht*) die Schwerpunktwahl des Fachbereichs mit den meisten Maturanden eines Kantons im Jahr 2020 angezeigt. Ergänzt werden diese Informationen durch die Darstellung der prozentualen Verteilung der Wahl der einzelnen Fachbereiche an fünf kantonalen Beispielen und durch zwei Diagramme: Mint-Studierende an Schweizer Universitäten, nach Schwerpunktfächern im Gymnasium für das Jahr 2016 (in Prozent) sowie Schwerpunktfächer der Maturanden in der Schweiz für das Jahr 2020, verteilt nach Geschlecht. Im Kommentar zur Infografik wird im ersten Abschnitt zunächst das Problem erörtert, dass die Schweiz einen Mangel an Fachkräften im Mint-Bereich hat. Gefragt wird, ob Maturanden und Kantonsschulen den Vorgaben des Bundesrates folgen, welcher ebendiesem Fachkräftemangel vor über zehn Jahren *den Kampf angesagt hat*. Weil zu wenig junge Menschen die Mint-Fächer studieren, könne die Schweiz ihren Bedarf an Mint-Spezialisten nicht decken. Demzufolge seien die Schulen auf allen Stufen gefragt, sie sollen das Interesse an Mathematik und vor allem an Technik und Informatik wecken. Anschliessend werden mit Verweis auf die statistische Infografik Befunde der sog. Bildungsforschung erläutert, welche bezogen auf das Problem eine positive Tendenz erkennen lassen. In den nachfolgenden zwei Abschnitten wird die Tendenz allerdings relativiert. Abgeschlossen wird der Beitrag durch einen Hinweis auf die Geschlechterproblematik sowie eine Kritik an der Erwartung, dass *Schülerinteressen steuerbar seien*.

Im nachfolgenden zweiseitigen Beitrag mit dem Titel *Die Schule mit dem Zauberwürfel-Roboter* wird der Frage nachgegangen, ob die Gymnasien bereit seien, den Mangel an Informatikern und Technikspezialisten zu beheben. Die Frage wird anhand eines Erfahrungsberichts erörtert, der durch den Besuch an einer Schule im Kanton Thurgau zustande kam. Die Textelemente werden ergänzt durch einige Fotografien, ein statistisches Diagramm aus einem Beitrag des Journals für LehrerInnenbildung sowie durch zwei Zitate jeweils eines Schülers und Lehrers (vgl. Abb. 28).[53]

53 Schüler: *Ich löse einen Zauberwürfel in unter zehn Sekunden – da wäre es doch cool, einen Roboter zu haben, der schneller ist als ich*. Informatiklehrer: *Man liebt das Fach, oder man hasst es.*

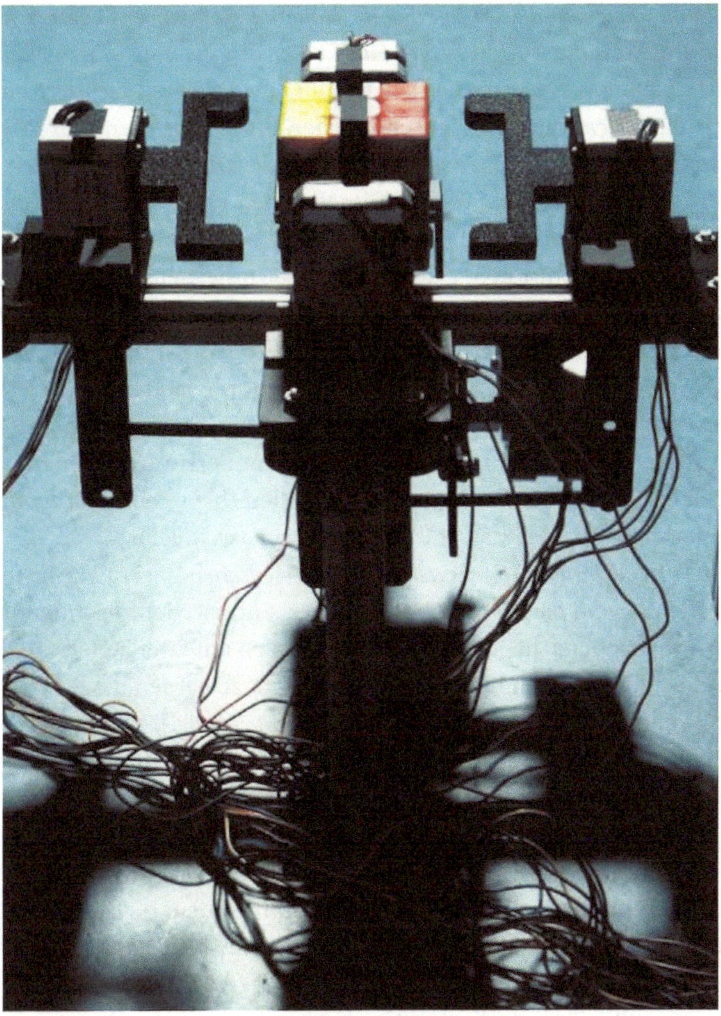

Abbildung 28: Beispiel Fotografie (Bildungsbeilage NZZ, 2021: 7)

Der Beitrag gliedert sich in fünf Abschnitte (Einleitung; Codieren, codieren, codieren; *Mögeder no?*; Informatiklehrer gesucht; Chemie für Primarschüler). Nach der Einleitung, in der ein Roboter beschrieben wird, der von einem Maturanden bedient wird, folgt ein Abschnitt, in dem ebendieser Maturand vorgestellt und sein Interesse an Informatik hervorgehoben wird. Zudem wird OOP erläutert, ein *Organisationstool, das mehrere Codes einer Datei be-*

herrschbar machen und allfällige Fehler isolieren soll. Anschliessend wird auf das Bemühen um *mehr Maturanden und mehr Studierende in den Mint-Bereichen (Mathematik, Naturwissenschaften, Informatik und Technik)* eingegangen. Aus einer erziehungswissenschaftlichen Studie aus dem Jahr 2016 wird geschlossen, dass diese Fächer *schwieriger als alle anderen Fächer* seien. Dabei wird ein Vergleich bezogen auf die Dimensionen kognitiver Fähigkeiten zwischen Mint- und Medizinstudierenden (welche eben besser abschneiden) und angehenden Ökonominnen/Ökonomen, Geisteswissenschaftlerinnen/Geisteswissenschaftlern, Juristinnen/Juristen, Sozialwissenschaftlerinnen/Sozialwissenschaftlern und Lehrerinnen/Lehrern gezogen (wobei die angehenden Lehrerinnen/Lehrer in dieser Studie ganz am Ende landen). Im vierten Abschnitt wird der potenzielle Mangel an Informatiklehrerinnen/Informatiklehrern thematisiert. Der letzte Abschnitt resümiert Massnahmen, die der dargestellten Problematik entgegenwirken sollen (bspw. eine *Kinderkanti* mit Schnupperkursen für Primarschülerinnen/Primarschüler).

Mit *Panoptikum des Gymnasiums. Vier Menschen – vier Geschichten über die Mittelschule und die Möglichkeiten danach* sind die vier folgenden Beiträge (gemäss Inhaltsübersicht) überschrieben, die sich auf zwei Seiten in vier Porträts (drei Schüler und ein Lehrer) gliedern. Ergänzt werden die Porträts durch den Kommentar eines Redaktors (*Hilfe, Gymiprüfung!*), der gemäss Inhaltsübersicht als eigener Beitrag geführt wird. Die vier Porträts bestehen jeweils aus einem Titel und einem Untertitel, einem Textteil sowie einem Foto:

- Sie hat ihre Chance gepackt. Assma Abdallah war in einem Förderkurs für Benachteiligte – nun will sie Chirurgin werden
  In diesem Beitrag wird die Geschichte einer Schülerin auf ihrem Weg von der Primarschule über einen Förderkurs ins Gymnasium skizziert. Gegenübergestellt wird u. a. die reguläre Vorbereitung in der Primarschule, die im Gegensatz zum Vorbereitungskurs eines Vereins *nichts brachte*. Grundlegendes Thema dieser Geschichte ist *Gerechtigkeit* bezogen auf Bildung.
- Schulbank statt Grossbank. Der dreifache Familienvater Samuel Locher wagt den Quereinstieg als Gymnasiallehrer
- Erzählt wird die Geschichte eines ehemaligen Bankangestellten, welcher während der Corona-Pandemie die *Freude am Unterrichten* entdeckt hat und den Quereinstieg als Gymnasiallehrer wagt. Zentrale Themen sind die Ausbildung zur Lehrperson und die Vorzüge des Lehrberufs.

- *Snowboarden macht einfach Spass.* Der Sportgymnasiast Gabriel Kreienbühl will Profi werden
- In dieser Geschichte wird ein Sportgymnasiast porträtiert, der Profisportler werden möchte. Geschildert werden der Alltag an einem Sportgymnasium sowie die *Eigenschaften des idealen Sportgymnasiasten.*
- Raus aus dem Gymnasium, endlich! Die Abbrecherin Rebecca Wunderli hat ihren Weg gefunden

Im Porträt werden Erfahrungen einer Schülerin geschildert, die das Langzeitgymnasium abgebrochen hat. Insbesondere werden persönliche Probleme dargestellt, die mit dem *System* unvereinbar seien. Thematisiert wird insbesondere die gymnasiale Ausbildung (im Gymnasium gehöre man zur *Elite*) im Gegensatz zu einer Lehre sowie der *Zweite Bildungsweg.*

Der Kommentar des Redaktors *(Hilfe, Gymiprüfung!)* beginnt mit der Darstellung von zwei Aufgaben aus einer Aufnahmeprüfung fürs Zürcher Langzeitgymnasium. Problematisiert wird zu Beginn, dass *etwas mehr als die Hälfte* der Schülerinnen und Schüler die Aufnahmeprüfung nicht geschafft haben, was aus Sicht der Eltern hauptsächlich daran liege, dass die Kinder so etwas nie im Unterricht gemacht hätten. Im nächsten Absatz wird darauf hingewiesen, dass die *Aufregung verständlich*, aber unbegründet sei, da die Gymiprüfung auf dem Stoff der Primarklassen basiere. Gestützt auf Aussagen der Co-Präsidentin der Zürcher kantonalen Mittelstufe (ZKM) wird das Problem erörtert. Dabei wird auch auf *ambitionierte Eltern* eingegangen, die ihren Kindern beistehen möchten. Problematisiert wird insbesondere die *Gymivorbereitungsindustrie*, welche *irrwitzige Formen* angenommen habe. Abgeschlossen wird der Beitrag mit dem Verweis auf eine ZKM-Publikation, welche eine sinnvolle Vorbereitung für die Gymiprüfung darstelle.

Beitrag neun (*Gschpürsch mi*-Fächer?) ist als Erfahrungsbericht auf einer Seite konzipiert, ergänzt durch einen kurzen Abschnitt *(Ab 2024 auch in Zürich)*, welcher über den aktuellen Stand der eidgenössischen Maturareform informiert. Die Textelemente werden durch Fotografien und zwei hervorgehobene Zitate ergänzt.[54] Berichtet wird über einen Schulbesuch in Luzern, bei

54 Maturand: *Wir können in der Philosophie über Quantenphysik reden und in der Pädagogik über Digitalisierung.* Maturandin: *Wenn man in Philosophie oder Psychologie weiterdenkt, landet man irgendwann bei der Wirtschaft.*

dem geklärt werden sollte, ob die (stetige) Kritik am Matura-Schwerpunkt *Philosophie/Psychologie/Pädagogik (PPP)* rechtens sei. Der Beitrag ist unterteilt in drei Abschnitte (Einleitung; *Aus der Not geboren*; *Im Therapeuten-Ding*). Zunächst wird eine Maturandin, welche den Schwerpunkt PPP gewählt hat, porträtiert. Im nachfolgenden Abschnitt wird die Einführung des Schwerpunkts PPP an Gymnasien beschrieben: Mit der *Maturareform von 1995 wurden Psychologie und Pädagogik schliesslich in den Kanon der gymnasialen Unterrichtsfächer aufgenommen und mit Philosophie zum Schwerpunktfach PPP zusammengefasst.* Aufgrund der historischen Etablierung werde PPP *den Ruf nicht los, vor allem auf eine Laufbahn im Schuldienst vorzubereiten.* Gestützt auf Aussagen der Rektorin des Gymnasiums Musegg und eine Studie der Universität Zürich von 2017 wird die prozentuale Verteilung der PPP-Maturandinnen und Maturanden auf die Studienwahl referiert. Weiter wird auf den Ruf von PPP *als profillose, wenig anspruchsvolle Soft-Matura* eingegangen, die vor allem bei Frauen beliebt sei. Dies geschieht mit Verweis auf eine Untersuchung der Universität Bern. Eine weitere Untersuchung zur Wahl des Schwerpunktfachs (Evamar-I-Studie) sowie die Meinungen zweier Schülerinnen, eines Schülers und der Rektorin des Gymnasiums Musegg beschliessen den Abschnitt. Anschliessend wird anhand der Erfahrung eines Lehrers und einer Lehrerin der Schwerpunkt PPP beschrieben. Zum Schluss urteilt eine Schülerin darüber, wann der Unterricht am besten sei. Der kurze Abschnitt *Ab 2024 auch in Zürich* prognostiziert eine Aufwertung des Fachbereichs Philosophie/Psychologie/Pädagogik (PPP) in den kommenden Jahren, da sich u. a. die eidgenössische Maturareform mit der Idee befasst, *Philosophie an allen Schweizer Gymnasien zu einem Grundlagenfach zu machen.* Zudem bestätigt das Zürcher Mittelschul- und Berufsbildungsamt auf Anfrage, dass der Schwerpunkt ab 2024 auch im Kanton Zürich gewählt werden kann.

Der zehnte Beitrag *(Der Maturagraben)* thematisiert auf einer halben Seite das Problem der ungleichen prozentualen Verteilung der Maturaabschlüsse in den Kantonen, fragt nach den Gründen dafür und wirft die Gerechtigkeitsfrage auf. Neben dem Textteil, der in vier Abschnitte unterteilt ist (Einleitung; Nicht überall gleich schwierig; Wenig restriktive Westschweiz; Bumerang im Studium), dient eine Grafik des Bundesamtes für Statistik als Datengrundlage. Mit Verweis auf einen Erziehungswissenschaftler, *der die Schweizer Gymnasien so gründlich erforscht hat wie kein Zweiter*, wird in das Problem der kantonal unterschiedlichen Gymnasial- und Maturaquoten eingeführt. Im Anschluss werden die Quoten historisch und vergleichend dargestellt. Datengrundlage bildet dabei die Evamar-II-Studie (Gesamtschweizerische Evaluation der gymnasialen Maturität), welche mögliche Faktoren zur Erklärung bietet (bspw. Unterschiede bei den Aufnahmeprüfungen, in der Gestaltung des Unterrichts, bei der Benotung). Diese Unterschiede, so ein Bildungsforscher, seien eine Folge verschiedener Kulturen. Unter Berufung auf den bereits eingangs zur Sprache gebrachten Erziehungswissenschaftler wird mit der *anstehenden grossen Gymnasialreform* eine gewisse Annäherung der Quoten erwartet. Im abschliessenden Abschnitt wird darauf hingewiesen, dass die Differenzen nicht ganz verschwinden werden, was der Bildungsforscher so einordnet: «Die Unterschiede bei der Aufnahme ans Gymnasium seien zwar nicht gerecht, weil nicht gleiche Chancen bei gleicher Leistungsfähigkeit gegeben seien. Doch am Ende sorge das System gleichwohl wieder für ausgleichende Gerechtigkeit». Einerseits sind die Abschlussquoten dort am niedrigsten, wo die Gymnasialquoten am höchsten sind, andererseits würden die Standards der Universitäten die Unterschiede der Kantone wieder ausbremsen.

Im zweitletzten Beitrag wird in vier Abschnitten unter dem Titel *Dreirad gegen Rennvelo. Kinder aus bildungsfernen Elternhäusern sind an den Mittelschulen stark untervertreten – ein neuer Verein will das ändern* die *Chancengerechtigkeit des Bildungssystems* problematisiert. Eingeleitet wird der Beitrag mit dem soziologischen Slogan *Service Class*, womit *Bildungsverlierer* gemeint sind, denen anstatt einer Matura und eines Universitätsstudiums nur eine Berufslehre, allenfalls ein Fachhochschulstudium, übrigbleiben würde. Aufgrund fehlender Ressourcen seien Kinder *von Eltern mit tieferem Bildungsniveau* an Gymnasien *massiv untervertreten*. Im folgenden Abschnitt (*Unten bleiben?*) wird dieser proklamierte und bereits seit *Jahrzehnten* bekannte Missstand mit Verweis auf die Uno Agenda 2030, die Bundesstrategie Nachhaltige Entwicklung 2021–2023, die Bundesverfassung, das Staatssekretariat für Bildung, Forschung und Innovation sowie die Konferenz der kantonalen Erziehungsdirektoren erläutert. Gründe, warum dieser Missstand bisher nicht behoben worden sei, werden darin gesehen, *dass niemand gern Privilegien abgibt*. Auch spiele die *soziale Schwerkraft* eine Rolle, also die Benachteiligung durch das Elternhaus. Im selben Abschnitt wird ein Verein vorgestellt, der gegen diesen Missstand ankämpft. Darin kommt der Gründer des Vereins zu Wort. Er *führt nicht nur die fehlende Gerechtigkeit ins Feld, sondern auch den ökonomischen Schaden für die Gesellschaft.* Des Weiteren werden Erfahrungen aus einer Kantonsschule berichtet, die sich an den Aktivitäten des Vereins beteiligt. Das Fazit des Gründers des Vereins lautet: *Die Schweizer nehmen begabten Ausländern die Plätze weg.* Im Folgeabschnitt *(Die Idee einer Sozialquote)* wird in Kontrastierung ein Gymnasium in Basel porträtiert, welches als *elitäre Reichenschule quasi das Gegenstück zur Kanti Reussbühl* bilde. Thematisiert wird eine Sozialquote, welche für eine bessere Chancengerechtigkeit sorgen könnte. Allerdings gebe es *nirgendwo in der Schweiz eine Mehrheit für so ein Projekt, nicht einmal im links geprägten Basel.* Im letzten Absatz wird die Frage nach der Zuständigkeit diskutiert *(Wer ist zuständig?).* Zu Wort kommen sowohl der Gründer des Vereins sowie der Präsident der Rektorenkonferenz der Gymnasien. Der Redaktor des Beitrags übernimmt das Schlusswort, ihm zufolge trage der Satz *Wer das Bildungssystem in seiner heutigen Form rechtfertigt, müsste konsequenterweise zum Schluss kommen, dass Kinder einkommensschwacher und fremdsprachiger Eltern dümmer sind als Kinder reicher und einheimischer Eltern* mehr zur Problembestimmung bei als *ein weiteres Papier, das gleiche Bildungschancen für alle proklamiert.*

Der letzte Beitrag hat digitalisierten Unterricht zum Thema und fragt, wie es nun weitergehe. Der Beitrag ist als Erfahrungsbericht an einer gymnasialen Schule in Oerlikon konzipiert. Neben dem Text besteht der Beitrag aus einer Fotografie und dem hervorgehobenen Zitat einer Schülerin.[55] Der Text ist auf einer Seite unterteilt in vier Abschnitte (Einleitung; *Filterblasen und Fake News*; *Wie digital darf es sein?*; *Unterstützung vom Kanton*). Einleitend wird die aus der *Not des Lockdowns* geborene Idee eines Deutschlehrers vorgestellt, der den Schülerinnen und Schülern die Themengebiete Nachrichten und Journalismus mittels Webseite nähergebracht hat. Im zweiten Abschnitt wird die Arbeit im Deutschunterricht beschrieben, dabei kommen auch Schülerinnen und Schüler zu Wort und erläutern, was ihnen am digitalen Unterricht gefällt. Der dritte Abschnitt thematisiert die Frage, *wie digital* die Lektionen sein sollen. Der Rektor erläutert seine Meinung dazu und stellt ein aktuelles Projekt des Gymnasiums vor *(Bring your own device)*, welches zum Ziel hat, den *Schwung der Corona-Krise* nicht zu verlieren. Weiter wird auf die Bedeutung *digital affiner Lehrpersonen* hingewiesen. Der letzte Abschnitt

55 *Wir arbeiten im Moment nur in einem Fach am Computer. Das finde ich okay.*

thematisiert kantonale Unterstützungsbemühungen für digitale Projekte (einen *Innovationsfonds*, den *Digital Learning Hub*), und abschliessend wird die Frage gestellt, worin *nun aber konkret der Vorteil* liege, dass die Schülerinnen und Schüler *an einem Bildschirm lernen und nicht im Klassenverband*. Beantwortet wird diese Frage unter Bezug auf zwei Gymnasiallehrpersonen: Der Vorteil liege in einer individuellen Herangehensweise und der Möglichkeit der Förderung von Selbständigkeit.

4.3 Reflexion Funktion Bildungsbeilage NZZ

Das in der Bildungsbeilage NZZ Berichtete basiert nicht auf einem Klassifikationsschema, sondern gruppiert sich um einen spezifischen institutionalisierten Bildungstyp (Gymnasium). Aufgegriffen wird also ein *Thema der organisierten, schulisch vermittelten Allgemeinbildung*. Diese Ordnung organisiert ein thematisches Feld, das ihr nicht selbst entstammt, sondern sich historisch in der Gesellschaft funktional ausdifferenziert hat: Das Gymnasium wird als institutionalisierter Bildungstyp thematisch. Die verschiedenen Berichte greifen Aspekte des Themas in eklektizistischer bzw. synkretistischer Verfahrensweise auf.

Wird der Modus der ordnenden Sinnstiftung betrachtet, zeigt sich, dass in dieser Ordnung mit kategorial gelenkten Fragen Wissen zu Argumenten geformt wird. Zwei (politische) Kategorien erfahren in der Bildungsbeilage besonderes Gewicht: *Chancengleichheit* und *(Chancen-)Gerechtigkeit*.

Im ersten Bericht plädiert eine ETH-Professorin für Intelligenztests an Primarschulen. Anhand der Interviewfragen wird das Problem von *Chancengleichheit* an Gymnasien eingeordnet. Ausgangspunkt bildet die Biografie der Professorin selbst, welche *auf einem Bauernhof aufgewachsen* und heute *Professorin an der ETH Zürich* ist. Es wird eine Dichotomie (Akademiker-Kinder/Nichtakademiker-Kinder) etabliert und postuliert, dass Akademiker-Eltern aufgrund der hohen Gymnasialquote (welche nicht mehr weiter erhöht werden sollte) viel unternehmen würden, um ihren Kinder ebenfalls den Zugang zum Gymnasium zu ermöglichen, was aber zulasten von Kindern gehen könne, *die die Intelligenz eigentlich mitbringen* würden (aber aus einem nicht-akademischen Elternhaus stammen). Da die Aufnahmeprüfung für das Gymnasium auf Primarschulstoff beruhe, wird das Problem, dass auch Kinder, die das *Zeug fürs Gymnasium hätten*, an der Aufnahmeprüfung scheitern (etwa im Gegensatz zum Bestehen von *nicht übermässig* intelligenten Kindern), in einem mangelhaften Mathematikunterricht verortet. Aus Sicht der Professorin müssen *wir* dafür sorgen, *dass beim Zugang zum Gymnasium Intelligenz und Begabung zählen und nicht die soziale Herkunft.* Als Lösung werden (utopische) Vorschläge gemacht *(keine kommerziellen Kurse mehr – dafür bekommen alle Kinder mit guten Leistungen in der Primarschule die Gelegenheit, mit dafür ausgebildeten Lehrpersonen für die Gymiprüfung zu lernen)* und Intelligenztests als Entscheidungsinstrument bei Zweifelsfällen ins Feld geführt. Über eine Definition, was *Intelligenz* sei, wie die *besten Köpfe* Gymnasiallehrer werden würden, die Diskussion über den Mangel an Fachkräften und die Diskussion über den Anteil Frauen im MINT-Bereich, endet die Einordnung des Problems der *Chancengleichheit* mit einem erneuten Bezug auf die Biografie der Professorin: *Ich wusste schon mit 16 Jahren, dass ich Psychologieprofessorin werden wollte. Ich wollte etwas über das menschliche Denken herausfinden. Das ist der Vorteil von nichtakademischen Elternhäusern: Es redet einem niemand drein.*

In einem der vier Porträts *(Die 16-Jährige hat es ans Gymi geschafft – trotz Mühe in Deutsch)* wird die Vorbereitung einer Schülerin auf die Aufnahmeprüfung für das Langzeitgymnasium geschildert. Dabei wurde sie von einem Verein für *begabte Kinder aus benachteiligten Familien beim Übertritt ins Langzeitgymnasium* unterstützt. Das Problem der *Chancengleichheit* wird wieder bei Mängeln des Schulunterrichts verortet: *Assma schrieb zwar gute Noten, doch ihre Primarklasse war schwach, und die Prüfungen waren einfach. Besonders im Fach Deutsch und bei Aufsätzen wurde kulant korrigiert. So war nicht aufgefallen, dass sie noch Defizite hatte.* Die *reguläre Vorbereitung in der Primarschule* brachte der Schülerin aber nichts, *die konnten einem nichts beibringen.* Die Einordnung des Problems *Chancengleichheit* endet mit einer Thematisierung von *Ungerechtigkeit*: *Gegen Ungerechtigkeit hilft nur Bildung.*

Im Bericht *Dreirad gegen Rennvelo* wird bezogen auf *Chancengleichheit* problematisiert, dass *Kinder aus bildungsfernen Elternhäusern* an Mittelschulen stark untervertreten seien. Dabei wird zu Beginn eine doppelte Dichotomie (Unterklasse/Oberklasse; Kinder von Akademiker-Eltern/Kinder von Nichtakademiker-Eltern) und der *Missstand* geschildert, dass Kinder von *Eltern mit tieferem Bildungsniveau* bei gleich guten oder sogar besseren Leistungen geringere Chancen hätten, ans Gymnasium zu gehen. Über das Porträt eines Vereins und die Idee einer Sozialquote endet die Einordnung der Frage nach *Chancengleichheit* beim Problem der Zuständigkeit, welche nicht abschliessend geklärt wird. Stattdessen nimmt der Redaktor mit folgendem Satz eine *Problembestimmung* vor: *Wer das Bildungssystem in seiner heutigen Form rechtfertigt, müsste konsequenterweise zum Schluss kommen, dass Kinder einkommensschwacher und fremdsprachiger Eltern dümmer sind als Kinder reicher und einheimischer Eltern.*

Im Bericht *Der Maturagraben* wird anhand einer kantonalen prozentualen Differenz der Absolventenzahl der Matura die Frage nach *(Chancen-) Gerechtigkeit* gestellt *(ist das gerecht?)*. Zunächst wird den Gründen für die unterschiedlichen Quoten nachgegangen, wobei die Unterschiede am wenigsten daran lägen, *dass die Intelligenz je nach Region so ungleich verteilt sein könnte.* Neben Unterschieden bei den Aufnahmeprüfungen wird das Problem auch in der Gestaltung des Unterrichts und bei der Benotung gesehen. Über die Erklärung der Unterschiede anhand kultureller Faktoren und der Erwartung einer gewissen Annäherung der Quoten durch die Gymnasialreform endet die Einordnung von *(Chancen-)Gerechtigkeit* bei der Feststellung, dass die Differenzen aufgrund der föderalistischen Strukturen nicht ganz verschwinden würden, das System am Ende *gleichwohl wieder für ausgleichende Gerechtigkeit* sorge: Einerseits *scheitern just dort am meisten Schüler, wo die Gymnasialquoten am höchsten sind*; andererseits gelte, dass *jene, die die Matura nur knapp bestanden haben, oftmals gar nicht erst mit einem Universitätsstudium beginnen* oder aber schon *an der ersten Zwischenprüfung scheitern* würden. Weitere Kategorien, die zu einer ordnenden Sinnstiftung beitragen, sind *Digitalisierung, Lebenslauf, Geschlecht* und *Qualifikation.*

Im Bericht *Diese Fächerprofile haben Maturanden 2020 gewählt* wird das Problem der *Qualifikation* anhand eines ökonomischen Bedarfs an Fachkräften im Mint-Bereich eingeordnet. Dazu wird eine statistische Grafik präsentiert, die einen synchronen Vergleich bezogen auf Häufigkeiten der Fächerwahl von Maturandinnen und Maturanden nach Kanton ermöglicht (vgl. Abb. 29).

Im Kommentar *(Die Mint-Welle bleibt aus)* wird ein Ausgangspunkt bei der politischen Strategie resp. der Vorgabe des Bundesrates gesetzt, welcher vor über zehn Jahren *dem Fachkräftemangel in den Bereichen Mathematik, Informatik, Naturwissenschaften und Technik (Mint)* den Kampf angesagt habe. Die Bildungsforschung gelangt aufgrund zahlenmässiger Befunde zu einer positiven Einschätzung des Problems. Allerdings werden die Effekte von

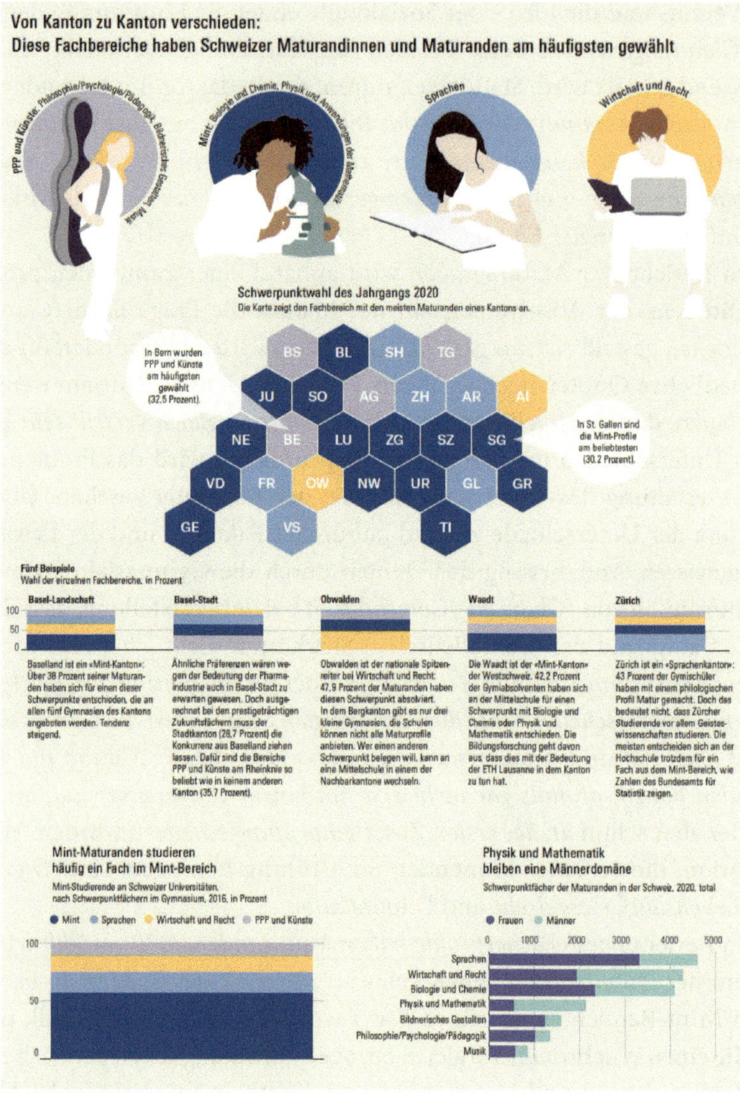

Abbildung 29: Grafik Fächerprofile (Bildungsbeilage NZZ, 2021: 5)

Technik-Initiativen der vergangenen Jahre relativiert. Landesweite Zahlen des Jahrgangs deuten darauf hin, dass von einer Mint-Welle an Schweizer Gymnasien keine Rede sein kann. Die Einordnung des Problems der Qualifikation von Fachkräften endet mit einem Urteil des Redaktors, dass die ambivalenten Befunde *ein gutes Zeichen* seien, *weil Gymnasien auch im digitalen Zeitalter ein Ort der allgemeinen Bildung sein sollen*, Schülerinteressen seien nicht *steuerbar*. Dies sei das gute Glück der *schönen Bildung* in der Schweiz.

Auch der Bericht über *die Schule mit dem Zauberwürfel-Roboter* ordnet das Problem der *Qualifikation* von Fachkräften im Mint-Bereich ein. Die Problematik wird zunächst mit einem Einblick in den Informatikunterricht des Gymnasiums eingeführt, anschliessend werden *Bemühungen um mehr Maturanden und mehr Studierende in den Mint-Bereichen* thematisiert. Problematisch erscheint im Bericht der Umstand, dass *Informatik und die anderen technisch-naturwissenschaftlichen Disziplinen* schwierig seien (sowohl in der Vermittlung als auch in der Aneignung). Dabei wird auf wissenschaftliche Studien verwiesen, deren Resultate mit einer statistischen Grafik über die *kognitiven Fähigkeiten* von Studierenden illustriert werden (vgl. Abb. 30).

Über die Frage nach einem möglichen *Mangel an Informatiklehrern* und die Vorstellung von Projekten zur Förderung des Schülerinteresses an Mint-Fächern endet die Einordnung des Problems der *Qualifikation* von Fachkräften mit einem Urteil des Redaktors, der bezweifelt, dass dies alles helfen wird, um den vielbemühten Fachkräftemangel eines Tages in den Griff zu bekommen: Informatik gehöre *im digitalen Zeitalter zur Allgemeinbildung dazu*. Wichtig sei, dass der Wunsch Informatik zu lernen *von innen* komme.

Der Bericht *Hilfe, Gymiprüfung!* ordnet das Thema *Qualifikation* zunächst mit der plakativen Frage ein, *was läuft schief bei der Gymiprüfung?*. Ausgangspunkt ist die Feststellung, dass etwas mehr als die Hälfte der Primarschülerinnen und -schüler die Aufnahmeprüfung für das Zürcher Langzeitgymnasium nicht geschafft haben. Die Suche nach möglichen Gründen (bspw. *die Gymiprüfung basiert auf dem Stoff, den sechste Primarklassen bis zu den Sportferien durchgenommen haben sollten*; eine Vorbereitung, die zu früh startet, ist deshalb problematisch) mündet in damit einhergehende Effekte und deren Kritik *(Gymivorbereitungsindustrie)* und endet mit Postulaten des Redaktors *(Primarschulen indes sind keine Trainingslager. Gute Lehrer erkennen, wer fürs Gymnasium geeignet sein könnte)* und einer Buchempfehlung (Zürcher Kantonale Mittelstufe-Publikation *Ich will ans Gymi*).

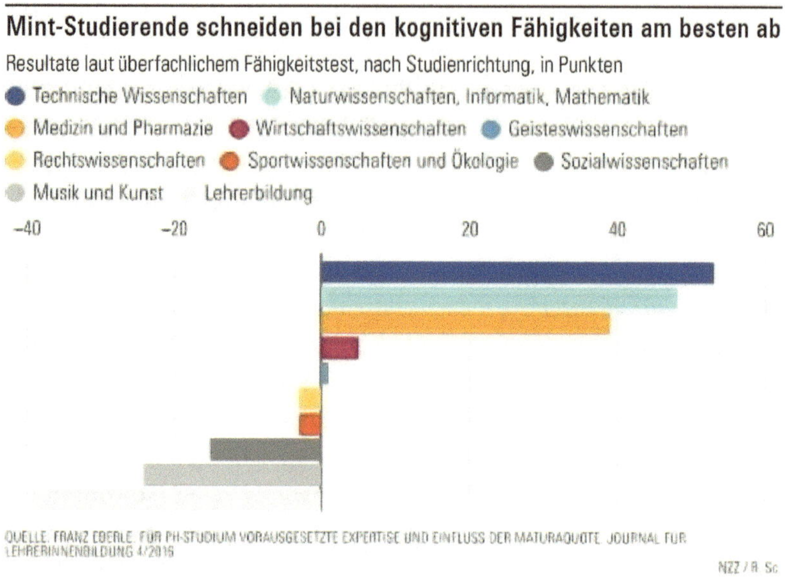

Abbildung 30: Grafik kognitive Fähigkeiten von Studierenden (Bildungsbeilage NZZ, 2021: 6)

Mit der (implizit bleibenden) Kategorie *Lebenslauf* werden drei Personen porträtiert, wobei die Probleme des *Quereinstiegs als Gymnasiallehrer*, die Perspektiven der Erreichung eines Ausbildungsziels *(Sportgymnasiast Gabriel Kreienbühl will Profi werden)* und der Austritt aus einem Bildungstyp *(Die Abbrecherin Rebecca Wunderli hat ihren Weg gefunden)* besprochen werden. Ausgangspunkt stellen dabei in einem weiten Sinn Wendepunkte im Lebenslauf der drei vorgestellten Personen und damit einhergehende Möglichkeiten dar (*Schulbank statt Grossbank, Snowboarden macht einfach Spass, Raus aus dem Gymnasium, endlich!*). Über eine Diskussion von Möglichkeiten und Grenzen endet die Erörterung mit einem optimistischen Ausblick des Quereinsteigers, der Absicherung des Sportgymnasiasten, falls es mit der Profikarriere nichts wird *(Dann habe ich immer noch die Matur)* und dem Vorteil, über einen beruflichen Bildungsweg an die Uni zu gelangen *(Ihre ehemaligen Klassenkameradinnen aus dem Gymnasium lernten erst jetzt, dass niemand auf sie gewartet habe und dass sie sich ihren Platz in der Arbeitswelt erst erkämpfen müssten).*

Der Bericht *Viele Frauen, wenig Männer – und die Gschpürsch mi-Frage* nimmt seinen Ausgangspunkt bei einer gesellschaftlichen Kritik am Fach Philosophie/Psychologie/Pädagogik (PPP bereite *auf eine Schullaufbahn vor*, es habe einen *Ruf als profillose, wenig anspruchsvolle Soft-Matura, die vor allem bei Frauen beliebt sei* und es gehe vor allem um *Gschpürsch mi-Diskussionen*) und ordnet die damit zusammenhängenden Probleme der *Qualifikation*, des *Geschlechts* und der *Qualität* ein. Die Einordnung endet mit einer Charakterisierung des Fachs PPP und der Feststellung einer Schülerin *(Manchmal kommt man dann so in ein Therapeuten-Ding)*.

Anhand der Kategorie *Digitalisierung* wird im Bericht *So lernen Schüler am Bildschirm, wie Medien funktionieren* eine Bestandsaufnahme des digitalisierten Unterrichts vorgenommen. Die Einordnung endet mit Fragen nach den Unterstützungsleistungen vom Kanton sowie nach dem Mehrwert des digitalisierten Unterrichts, *dass Schülerinnen und Schüler an einem Bildschirm lernen und nicht im Klassenverband*.

Mit Blick auf die Schriftlichkeit stellen konzeptionell sowie redaktionell Textelemente (Fliesstext, Zitate), welche einer für Berichte klassischen Struktur folgen (kurze Einleitung; Darstellung des zu behandelnden Verhältnisses; wissenschaftliche, rechtliche oder politische Grundsätze für die Beurteilung; Urteil resp. gutachtliche Ansicht; vgl. Kapitel 1.3), die wesentliche Form dar. In den Berichten werden sowohl zahlenbasierte wissenschaftliche Studien wie auch statistische Grafiken herangezogen. Neben diesem *vertikal* strukturierten Wissen (induktive Logik), kommt in den Berichten dem sog. Erfahrungswissen eine zentrale Bedeutung zu (man kann von einer abduktiven Logik sprechen). Dieses *horizontal* strukturierte Wissen leistet eine Zunahme des Wissens in der *Breite*, indem es beispielhaft in einem Quergang von selektiv geäusserten Erfahrungen Ähnlichkeiten und Differenzen sucht, um der phänomenalen Vielfalt eine Ordnung zu geben. Dazu werden über die verschiedenen Kategorien singuläre und disparate Phänomene vereinheitlicht und zu Argumenten formiert. Neben dem Rückgriff auf Fotografien und Grafiken spielen auch Zitaten eine zentrale Veranschaulichungsrolle, welche auf diese Weise eine Verbindung zu realweltlichen Erfahrungen und Bezüge herstellen (vgl. Biti 2000b; Kapitel 1.3). Aufgrund solcher kategorialen Ordnungen sind Sachurteile mittels abduktiver Schlüsse möglich. Die Bildungsbeilage bezieht sich auf selektive Kategorisierungen und daraus formierten Argumentationen im Hinblick auf den Bildungstyp Gymnasium. Damit einher geht eine geringe Systematizität und eine starke Orientierung an gesellschaftspolitischen Agendasettings.

Der Rückgriff auf Aspekte von Wissenschaft als *Sinnstütze* wird in der *Bildungsbeilage NZZ* einerseits durch den Bezug der Redaktoren auf wissenschaftliche Studien und statistische Deskriptionen sichtbar. Andererseits wird anhand eines Interviews die wissenschaftliche Expertise[56] einer Psychologie-Professorin zur Darstellung gebracht. Wie bereits angesprochen, kann eine solche Ordnung nicht für Zwecke der Generalisierung (und damit: Theoretisierung) gesetzt werden, da sie durch das eklektizistische Vorgehen unter Zuhilfenahme verschiedener Kategorien einen eher geringen Grad an Systematizität aufweist.[57]

Der normative Rahmen, in welchem die Selektion der Kategorien in der *Bildungsbeilage NZZ* vollzogen wird, bezieht sich auf aktuelle gesellschaftspolitische Themen. In der hier untersuchten Beilage liegt der Fokus auf einem institutionalisierten Bildungstyp, dem Gymnasium. Von Interesse sind nicht

56 Als Bestandteile einer (pädagogischen) wissenschaftlichen Expertise sieht Philipp Gonon folgende Elemente: «Expertise beruht auf der Vertrautheit mit den Bildungsinstitutionen und auf der Bewertung von Fakten. Sie baut auf situationsbezogenen Darlegungen und Bezugnahmen von Studien, die zum Teil auch selbst initiiert und durchgeführt wurden. Die Haltung des Experten zeichnet sich durch einen Realitätssinn aus, sie ist demgemäß anti-utopisch, aber auch anti-dogmatisch und anti-ideologisch. Die Expertise ist insofern reflexiv, als sie zum Bestehenden Alternativen aufzeigt und diskutiert und damit auch Perspektiven für Entwicklungen darlegt» und «im Unterschied zum Intellektuellen, der oft trotz unvollständigem Faktenwissen und fehlender Professionalität sich dennoch zu Themen von Belang äußert, stützt sich der Experte auf seine *techne*, auf das von ihm erworbene und wiederum auch lehrbare Wissen» (Gonon, 2012: 303; Hervorhebung im Original).

57 Mit seiner Systematizitätstheorie beantwortet Paul Hoyningen-Huene die Frage, was Wissenschaft sei, wie folgt: «Wissenschaftliches Wissen unterscheidet sich von anderen Wissensarten, besonders dem Alltagswissen, primär durch seinen höheren Grad an Systematizität» (Hoyningen-Huene, 2017: 29). Er führt neun Dimensionen an, in denen wissenschaftliches Wissen «systematischer als andere Wissensarten» sei: Beschreibungen, Erklärungen, Vorhersagen, Verteidigung von Wissensansprüchen, Kritischer Diskurs, Epistemische Vernetztheit, Ideal der Vollständigkeit, Vermehrung von Wissen, Darstellung von Wissen (ebd.). In der Erklärungsdimension bedeutet eine höhere *Systematizität* dann etwa, dass sich eine (Sub-)Disziplin durch die «Vereinheitlichung ihrer Erklärungen [...] oder auch durch eine Ausdifferenzierung ihrer Erklärungsmuster» weiterentwickeln kann (ebd.: 31).

primär pädagogische Gesichtspunkte (obwohl sie vereinzelt angesprochen werden, wenn es etwa um Probleme der Vermittlung und Aneignung von Mint-Fachinhalten geht). Im Fokus stehen vielmehr gesellschaftspolitische Kategorien wie *Gleichheit, Gerechtigkeit* und *Geschlecht*, zu denen sich bspw. die Psychologieprofessorin sowie die Redaktoren äussern.[58] Ausserdem geht es auch um gesellschaftspolitische Kategorien mit einer starken ökonomischen Bedeutung wie *Digitalisierung* und *Qualifikation*. Die Argumentationen beruhen nicht auf einer breiten (erziehungs-)wissenschaftlichen Wissensbasis, sie basieren vorwiegen auf Erfahrungswissen und (alltags-)psychologisch verstandenen Konzepten wie *Intelligenz* und *Leistung*. Dieser Eklektizimus zeitigt gewisse mehr oder minder eigentümliche Effekte in den Argumentationsgängen und Urteilen: So wird bspw. verkannt, dass die Schule (und damit das Gymnasium) weder eine rein psychologische noch pädagogische noch ökonomische usw. Institution ist, womit sich einander widersprechende Erwartungen und Aufgaben verbinden. Die Rückführung von Problemen auf die Unterrichtsqualität hat bisweilen reformpädagogische (*Pädagogik vom Kinde aus*) oder ökonomische Züge (Unterricht *produziere* auf Seiten von Schülerinnen und Schülern Lernleistungen). Einige Urteile der Redaktoren sind in typischer Art und Weise alltagspädagogisch und damit anfällig für Dogmatismus und Idealismus.[59]

Die Bestimmung von und die Reflexion auf *Bildung* erfolgt mit Blick auf das Bildungssystem, verstanden als ein gesellschaftliches Funktionssystem, das als ein Zubringersystem hauptsächlich für das Wirtschafts- und das Wissenschaftssystem funktional ist. Zentral in den Diskussionen sind Anforderungen dieser gesellschaftlichen Teilsysteme an Schülerinnen und Schüler sowie im Bildungssystem interne An- und Ausschlüsse. Bei allen in den Berichten

58 Aus erziehungswissenschaftlicher Sicht hat Helmut Heid bereits 1988 eine differenzierte Einordnung der gesellschaftspolitischen Diskussion um *Gleichheit* und *Gerechtigkeit* im Bildungssystem vorgenommen (vgl. Heid, 1988).

59 Bspw. eben: Wichtig sei, dass bei der Fächerwahl *der Wunsch von innen* komme; *Gute Lehrer erkennen, wer fürs Gymnasium geeignet sein könnte*; Schülerinteressen seien nicht *steuerbar*. Dies sei das gute Glück der *schönen Bildung* in der Schweiz; *Wer das Bildungssystem in seiner heutigen Form rechtfertigt, müsste konsequenterweise zum Schluss kommen, dass Kinder einkommensschwacher und fremdsprachiger Eltern dümmer sind als Kinder reicher und einheimischer Eltern.*

zur Sprache kommenden Akteursgruppen schwingt grösstenteils nicht ein idealistischer Bildungsbegriff mit (bspw. als ein *vom Individuum ausgehender Selbstverwirklichungsprozess, einhergehend mit einer vielseitigen Bildung aller Anlagen/Kräfte usw.*), sondern ein funktionaler (wozu wird gelernt, wofür ist das Gelernte bezogen auf gesellschaftliche Teilsysteme brauch- resp. verwend- und verwertbar). Was primär nicht nur für die anderen Teilsysteme, sondern auch für die Bildungssubjekte *zählt*, sind Abschlüsse und Anschlüsse in Form von Qualifikationen.

Auf eine Pointe in der *Bildungsbeilage NZZ* sei noch verwiesen: Während in den Berichten, die kategorial mit *Chancengleichheit* und *(Chancen-)Gerechtigkeit* operieren, eine solche Chancengleichheit oder (Chancen-)Gerechtigkeit für das Bildungssystem eingefordert wird, konterkarieren die zahlreichen Anzeigen für Privatschulen (vgl. Fussnote 49) in der Beilage diese Forderung geradezu. Das kann wohl als ein Exempel für den Abstand von Rhetorik und Realität bzw. Realitätssinn gelten. Zudem kann man sich die Frage stellen, welche Wertorientierungen (bspw. Wahrheit, Gewinnmaximierung, Schönheit, Glaube, Moralität, Bildung usw.) in einer Gesellschaft *realistischerweise* leitend sind bzw. sein können.

4.4 Bilanzierung der Ordnung Bildungsbeilage NZZ

Die allgemeine Fragestellung, *wie sich eine Ordnung mit Wissen in berichtenden Formen mit Bezug auf Bildung stabilisiert*, wurde in dieser Fallstudie exemplarisch anhand der *Bildungsbeilage NZZ* der *NZZ-Mediengruppe* in drei Schritten überprüft.

Vor dem Hintergrund der Entwicklung des modernen Pressewesens seit Beginn des 17. Jahrhunderts, insbesondere der markanten Verbreitung der Presse und massenmedialen Erzeugung eines öffentlichen Raumes im 19. Jahrhundert, seit dem die Zeitung als Massenmedium gesehen werden kann sowie im Kontext der Genese des Bundesstaates, hat sich die *NZZ* seit ihren Anfängen mit der ersten Ausgabe im Jahr 1780 dem Bildungsbereich angenommen und diesen in zunehmender thematischer Ausdifferenzierung aufbereitet und zur Darstellung gebracht. Die Berichterstattung der *NZZ* soll über die Welt informieren, wie sie *ist*, d. h. faktentreu und vorurteilslos. Das übergeordnete Ziel besteht dabei in der Vermittlung von *Orientierung*. Mit dem Erscheinen der Beilage *Schule und Erziehung* im 20. Jahrhundert, die seit 1989 *Bildung und Erziehung* hiess und heute nur noch den Titel *Bildung* trägt, ist ein verstärktes Interesse am Themenbereich Bildung auszumachen. Das Erfordernis einer solch verstärkten Berichterstattung über Bildung sieht die *NZZ-Mediengruppe* in einem *auf Dauer gestellten Wandel in Wirtschaft und Gesellschaft* begründet, welcher auch vor dem Bildungs- und Erziehungsbereich nicht Halt mache.

Die Berichterstattung der *Bildungsbeilage NZZ* besteht aus der Erarbeitung bzw. Verarbeitung sowie der Darstellung von Informationen über Bildung, wobei die Inhalte an der gesellschaftlichen Aktualität und Relevanz des jeweiligen Themas ausgerichtet sind *(Agendasetting)*. Die Beiträge folgen einer für die Berichterstattung als *klassisch* zu bezeichnenden Struktur: kurze Einleitung; Darstellung des zu behandelnden Verhältnisses; wissenschaftliche, rechtliche oder politische Grundsätze für die Beurteilung; Urteil resp. gutachtliche Ansicht. Die Form der Selektion erfolgt durch Kategorisierungen, damit wird thematisches Wissen bestimmt. Die in der *Bildungsbeilage NZZ* überprüfte Ordnung organisiert ein thematisches Feld, das sich historisch in der Gesellschaft funktional ausdifferenziert hat: Das Gymnasium wird als institutionalisierter Bildungstyp thematisch. Der Modus der ordnenden Sinnstiftung zeigt sich in der Formierung von Wissen mit kategorial gelenkten Fragen. Die Darstellung von Sachverhalten in allgemeinen Begriffen verleiht den Dingen eine stabile Bedeutung und garantiert damit die Festlegung von Zukunftserwartungen. Neben der Wissenschaft als *Sinnstütze* (zahlenbasierte wissenschaftliche Studien, statistische Grafiken, wissenschaftliches Expertenwissen) kommt sog. Erfahrungswissen in den Berichten eine zentrale Bedeutung zu. In einem Quergang von selektiv geäusserten Erfahrungen werden Ähnlichkeiten und Differenzen gesucht, um der phänomenalen Vielfalt eine Ordnung zu geben. In dieser Kombination von Wissensarten ist die Bildungsbeilage informativ bezogen auf selektive Kategorisierungen und daraus formierten Argumentationen im Hinblick auf den Bildungstyp Gymnasium. Eine solche Ordnung kann nicht für Zwecke der Generalisierung (und damit: Theoretisierung) eingesetzt werden, da sie durch das eklektizistische Vorgehen unter Zuhilfenahme verschiedener Kategorien einen eher geringen Grad an Systematizität aufweist.

Der normative Rahmen und damit die Selektionsweise bezieht sich auch in der *Bildungsbeilage NZZ* auf institutionalisierte Bildung. Dabei werden insbesondere mit gesellschaftspolitisch und ökonomisch relevanten Kategorien

(*Chancengleichheit*, *Gerechtigkeit*, *Digitalisierung*, *Qualifikation*) Vorgänge und Zustände (mehr oder minder) kritisch analysiert und es wird auf gesellschaftlich als relevant erachtete Probleme aufmerksam gemacht.

Die Berichterstattung vermag durch die unterschiedlichen Kategorisierungen der *Bildung* eine bestimmte Ordnung und Plausibilität – einen Sinn – zu verleihen. Die Objektivierungsarbeit liefert Dinge (bspw. eben Chancengleichheit als zentrales Problem von *Bildung*), die zirkulieren können. Die Einordnung von *Bildung* geschieht in einem gesellschaftspolitischen Kontext. Damit einher geht eine bestimmte Perspektive bzw. ein bestimmtes kognitives und normatives System. Funktional ist diese Berichterstattung hauptsächlich für die massenmediale Öffentlichkeit und die Politik. Auch in der *Bildungsbeilage NZZ* tritt *Bildung* als System hervor, sie wird als Institution und Pragmatik thematisch, die sich historisch funktional ausdifferenziert hat. Deutlich zeigt sich – wie von Konersmann (2021) behauptet – eine spezifische Verschlagwortung von Begriffen. Neben den Themen wird mit der Kategorisierung auch das Muster vorgegeben, in denen diese zu verhandeln sind (bspw. sollen im Rahmen von Chancengleichheit Nachteile einer sog. *Unterklasse* gegenüber einer sog. *Oberklasse* bzw. Nachteile von *Nichtakademiker-Kindern* gegenüber *Akademiker-Kindern* gelöst werden). Damit einher gehen gesellschaftspolitisch erwünschte Werturteile (bspw. bezogen auf *Digitalisierung* Urteile über den Mehrwert, der sich ergibt, wenn Schülerinnen und Schüler an einem Bildschirm lernen) oder Werturteile, die vorgeblich *schlechte* gesellschaftliche Entwicklungen kritisieren (bspw. *nur Intelligenz und Begabung* dürfen in der Schule zählen und nicht *soziale Herkunft* oder Kritik an der *Gymivorbereitungsindustrie*).

5. Zusammenfassung und Auswertung der Untersuchung

Im folgenden Teil werden in einem ersten Kapitel (5.1) die in den einzelnen Fallstudien analysierten Berichte im Hinblick auf die in der Heuristik bereitgestellten Dimensionen auf Ähnlichkeiten und Differenzen hin verglichen, wobei insbesondere die Funktion der berichtenden Formen von Interesse ist. Folgende Punkte sind dabei von Interesse: a) In welchem Kontext wird Bericht von Bildung erstattet, b) welche Ordnungssystematiken und -techniken manifestieren sich in den Berichten, c) welche Funktion ist mit der jeweiligen Berichterstattung verbunden. Ausgehend von der grundlegenden Erkenntnis aus Kapitel 5.1, dass sich in den Berichterstattungsbeispielen kein systematisch geordnetes erziehungswissenschaftliches Wissen manifestiert, wird in einem zweiten Kapitel (5.2) eine Problematisierung aus erziehungswissenschaftlicher Perspektive vorgenommen. Es geht dabei um die Frage, *inwiefern der Umgang mit Bildung aus erziehungswissenschaftlicher Perspektive in den untersuchten Berichten als sachangemessen eingeschätzt werden kann und welche Konsequenzen für die Erziehungswissenschaft als akademische Disziplin abgeleitet werden können.* In diesem Kapitel wird zunächst eine erziehungswissenschaftlich elaborierte Begrifflichkeit bereitgestellt. In einem nächsten Schritt werden gesellschaftlich relevante Denkmuster von Bildung, welche in den Berichterstattungsbeispielen erkennbar werden und in einer Gesellschaft das Wissen um Bildung (mit-)bestimmen, analysiert. Aufgrund dieser Analyse wird diskutiert, inwiefern der Umgang mit Bildung aus erziehungswissenschaftlicher Perspektive in den untersuchten Berichten als sachangemessen eingeschätzt werden kann und welche Konsequenzen für die Erziehungswissenschaft als akademische Disziplin abgeleitet werden können.

5.1 Vergleich der Berichterstattungsbeispiele

Alle überprüften Berichterstattungsbeispiele vermögen durch die Ordnungsverfahren objektiv verfügbare Sinnerzeugnisse von Bildung hervorzubringen. Dies geschieht anhand einer Reduktion kultureller Komplexität durch die Arbeit mit spezifischen Ordnungssystematiken und -techniken. Der Bericht als die Form der Ordnung des Wissens wird in den untersuchten Beispielen aus spezifischen Gründen gewählt. Eine spezifische Funktion besteht in allen drei Berichterstattungsbeispielen in der Konstruktion von zirkulationsfähigem Wissen, d.h. Wissen über das Bildungssystem, das eine Funktion für Politik und Wirtschaft hat. Die herausgearbeiteten Ordnungen des Wissens verleihen Bildung eine gesellschaftlich mehr oder minder unverrückbare Stabilität, d.h. Reproduktionsfähigkeit. Insbesondere das allen drei Berichten zugrundeliegende Schema des Bildungssystems nach Stufen und Typen sowie das statistische Informationssystem erzeugen Objekte, die in den Berichten vorausgesetzt werden können. Durch die wiederholte Konfirmierung und Generalisierung – auch der bildungspolitischen Zielgrössen Effektivität, Effizienz und Equity – wird in den berichtenden Formen eine spezifische Bildungswelt konstituiert, die einerseits eine gesellschaftsweit akzeptierte und bekannte Gegenwart und andererseits die Festlegung von Zukunftserwartungen garantiert. Speziell das *Statistische Jahrbuch* sowie der *Bildungsbericht* sind nicht als Einzeltexte zu sehen, sondern beziehen sich immer wieder auf sich selbst und ihre Vorgänger; sie stehen in einer Geschichte. Sowohl das *Statistische Jahrbuch* als auch der *Bildungsbericht* treten dabei bezogen auf Bildung mit einem umfassenden Ordnungsanspruch auf. Die Ordnungen des Wissens sind aufgrund der Objektivierungsarbeit über räumliche (bspw. die Möglichkeit synchroner Vergleiche), zeitliche (bspw. die Möglichkeit diachroner Vergleiche) und soziale Kontexte hinweg anschlussfähig. Insbesondere die Quantifizierungstätigkeit sorgt darüber hinaus für eine Anschlussfähigkeit im Wissenschaftssystem. Weiter wird speziell im *Statistischen Jahrbuch* und im *Bildungsbericht* durch eine bestimmte Vorstellung der Funktionsweise des Bildungssystems, die Festlegung institutioneller Kategorien und die Selektion einiger Beschreibungskomponenten Komplexität reduziert. Erst dadurch können überhaupt Ordnungen geschaffen werden, die eine öffentliche Diskussion in der Breite ermöglichen sowie Entscheidungsgrundlagen für die Politik schaffen. Die berichteten Ordnungen organisieren, präformieren, präskribieren und evaluieren damit das Bildungssystem Schweiz auf eine selektive Art und Weise.

Historisch haben sich im Laufe des 19. Jahrhunderts zunehmend gesellschaftliche Formen der Evaluation resp. der Reflexion ausdifferenziert, das gilt auch für Bildung. Eine solche Form sind Ordnung stiftende Berichte. Im Zuge der Entstehung bzw. Ausdifferenzierung von Institutionen und Erkenntnisweisen gesellschaftlicher Selbstbeobachtung im 19. Jahrhundert haben sich (auch) Bildung bzw. einzelne ihrer Aspekte als Gegenstand berichtender Formen zunehmend etabliert und ausdifferenziert. Dieser Umstand ist insbesondere auf die spezifischen gesellschaftlichen Entwicklungen und die damit verbundene massenmediale Erzeugung eines öffentlichen Raums in diesem Säkulum zurückzuführen (vgl. Kapitel 1.3). Das erste *Statistische Jahrbuch* ist 1889 erschienen, die erste Ausgabe der *NZZ* bereits 1780, wobei die Beilage *Schule und Erziehung* im 20. Jahrhundert und seit 1989 als Beilage *Bildung und Erziehung* erschienen ist (heute nur noch *Bildungsbeilage NZZ*). Der erste *Bildungsbericht* wurde als Pilotfassung 2006 publiziert. Das sog. Bildungsmonitoring nahm seinen Ausgangspunkt in der Schweiz in den 1970er Jahren, in einer Phase beispiellosen Schul- und Hochschulausbaus und intensiver Schulreformdebatten, in welcher auf Seiten der Politik ein Bedarf an sozialwissenschaftlicher Expertise entstand. Das *Statistische Jahrbuch* ist in einem staatlichen, verwaltenden Kontext zu verorten, der *Bildungsbericht* ebenso, jedoch mit der Besonderheit, dass das Bildungsmonitoring nicht einem Bundesamt zugeordnet ist, sondern als *Schweizerische Koordinationsstelle für Bildungsforschung* in einer doppelten Trägerschaft (Schweizerische Eidgenossenschaft und Schweizerische Konferenz der kantonalen Erziehungsdirektoren) institutionalisiert ist. Die *Bildungsbeilage NZZ* ist im Kontext des Pressewesens zu verorten, sie ist ein Produkt der *NZZ-Mediengruppe*.

Je nach Kontext kann die berichtende Form in ihrer Funktion spezifiziert werden, so auch in den untersuchten Berichterstattungsbeispielen. Das *Statistische Jahrbuch* beschreibt vorwiegend anhand von Zählungen Aspekte des schweizerischen Bildungssystems mit dem Ziel, innerstaatlich wie auch international die Leistungen des Staates zu dokumentieren. Der *Bildungsbericht* versucht darüber hinaus, Richtung der Leistungssteigerung vorzugeben, indem sowohl innerstaatlich als auch international versucht wird, die Leistungsfähigkeit des schweizerischen Bildungssystems bezogen auf die bildungspolitischen Zielgrössen *Effektivität*, *Effizienz* und *Equity* zu bewerten.

Die *Bildungsbeilage NZZ* fokussiert das Gymnasium als institutionalisierten Bildungstyp und will anhand von kategorial gelenkten Fragen diesbezüglich *Orientierung* vermitteln. Im *Statistischen Jahrbuch* findet sich primär eine deskriptive Ordnung. Obwohl der *Bildungsbericht* eine bewertende Ordnung präsentieren will, findet sich darin vorwiegend eine deskriptive sowie explikative Ordnung mit Bezug auf das Bildungssystem. In der *Bildungsbeilage NZZ* finden sich neben Sachurteilen auch Werturteile und damit eine evaluative Ordnung.

Grundlage für das kognitive und normative System, d. h. die Ordnungssystematik, in der Aspekte von Bildung beschrieben und erklärt werden und dadurch verständlich und sinnvoll erscheinen, ist also bei allen Berichterstattungsbeispielen dasselbe: das Bildungssystem einer Gesellschaft (hier: die der Schweiz), welches Bildung als Institution und Pragmatik thematisiert, die sich historisch funktional ausdifferenziert hat. Insbesondere im *Statistischen Jahrbuch* und im *Bildungsbericht* konstituiert sich die Systematik auf Grundlage der *International Classification of Education (ISCED)* der *UNESCO* bzw. der entsprechenden Adaption der *Schweizerischen Konferenz der kantonalen Erziehungsdirektoren EDK*. Die *Bildungsbeilage NZZ* thematisiert vor diesem Hintergrund einen Bildungstyp, nämlich das Gymnasium. Von grundlegendem Interesse sind Erfordernisse der (staatlichen) Bildungsorganisation. Statt der Qualität eines individuellen Bildungsprozesses interessieren (mit Ausnahmen in der *Bildungsbeilage NZZ*) primär ökonomische und politische Kriterien, hauptsächlich vor dem Hintergrund gesellschaftlicher Verwert- und Verwendbarkeit (Input, Output, Outcome; Abschlüsse und Anschlüsse). Hier zeigt sich die pragmatische Orientierung bezogen auf die Thematisierung von Bildung sehr deutlich. Bildung wird als Bildungssystem verstanden, als gesellschaftliches Funktionssystem, welches als Zubringersystem hauptsächlich für das Wirtschafts- und Wissenschaftssystem funktional ist. Die beiden Begriffe *Erziehung* und *Bildung* sowie deren Verhältnis bleiben, das ist aus erziehungswissenschaftlicher Sicht interessant, in allen Berichterstattungsbeispielen ungeklärt.

Hinsichtlich der Ordnungstechniken unterscheiden sich die Berichterstattungsbeispiele. Sowohl das *Statistische Jahrbuch* als auch der *Bildungsbericht* klassifizieren das Bildungssystem entlang institutioneller Kategorien, welche eine Vereinheitlichung singulärer und disparater Phänomene ermöglichen. Darüber hinaus werden als relevant erachtete Aspekte (bspw. Personen,

Bildungsabschlüsse, Finanzen, Klassengrösse) über Quantifizierung in numerische Grössen übersetzt und hinsichtlich ihrer Differenzen verglichen. Der *Bildungsbericht* versucht darüber hinaus, eine Bewertung – als Sonderfall des Vergleichens – des Bildungssystems anhand politisch gesetzter Zielgrössen vorzunehmen. Der *Bildungsbericht* ist gegenüber dem *Statistischen Jahrbuch* detaillierter in der quantitativen Beschreibung des Bildungssystems und versucht über eine deskriptive Ebene hinauszugelangen, indem unter Beizug wissenschaftlicher Studien (Re-)Analysen zu Aspekten des Bildungssystems durchgeführt werden. Dadurch werden Korrelationen im Sinne von Erklärungen berichtet. Während insbesondere die institutionellen Kategorien sowie die interessierenden Aspekte über die Zeitdauer eine relative Stabilität aufweisen, handelt es sich bei den bildungspolitischen Zielgrössen *Effektivität, Effizienz* und *Equity* um ein bildungspolitisches Agendasetting, dessen Relevanz jüngeren Datums ist. Insbesondere die Quantifizierungstätigkeit und die Konstruktion messbarer Einheiten befördert eine infrastrukturelle Sichtweise auf das Bildungssystem. Das Bildungssystem wird als Gegenstand eines Wissens aus Zahlen konstituiert, die als Fakten angenommen werden. Im Gegensatz zu diesen beiden Berichterstattungsbeispielen kommt in der *Bildungsbeilage NZZ* neben dem Wissen aus Zahlen vor allem dem Erfahrungswissen eine zentrale Bedeutung zu. Damit einher geht eine qualitative Dimension: Es werden selektiv Erfahrungen, Meinungen, Vorstellungen, Ansichten usw. berichtet, um dem Bildungssystem (im Beispiel: dem Gymnasium) eine Ordnung zu geben. Neben der Orientierung an der relativ stabilen Kategorie Gymnasium werden als aktuell erachtete Aspekte (bspw. *Chancengleichheit, Gerechtigkeit, Digitalisierung, Qualifikation*) (mehr oder minder) kritisch analysiert, und es wird auf gesellschaftlich als relevant erachtete Probleme aufmerksam gemacht.

Die drei Beispiele können als berichtende Form gesehen werden. Alle versuchen (umfassend), Informationen über den Sachverhalt Bildung in der Öffentlichkeit zu repräsentieren. Ebenso wird mit dem Anspruch einer Sachorientierung berichtet: Das *Statistischen Jahrbuch* soll Informationen dazu liefern, *wie wir in unserem Land leben, was unsere Lebensumstände sind*, der *Bildungsbericht* will eine *evaluative Gesamtschau des nationalen Bildungssystems* präsentieren und die *Bildungsbeilage NZZ* will *über die Welt, wie sie ist, d. h. faktentreu und vorurteilslos informieren*. Sowohl formal als auch inhaltlich unterscheiden sich die Berichte. Bezogen auf die Form der Berichte bzw. auf die *zweckmässigste Anordnung* (vgl. Kapitel 1.3) ist bei allen drei Berichten nach einer Einleitung jeweils die Darstellung von Aspekten des Sachverhalts Bildung sowie, vorwiegend im *Bildungsbericht* und in der *Bildungsbeilage NZZ*, eine Beurteilung zu finden. Das *Statistische Jahrbuch* verzichtet grösstenteils auf Werturteile. Den Hauptaufgaben eines *guten Berichts* (Vollständigkeit und Bündigkeit, Klarheit und Sachtreue, endlich kalte leidenschaftslose unparteiische und scharfe Beurteilung der Sache, nach allen zur Sprache kommenden wissenschaftlichen, rechtlichen oder politischen und durch die besonderen Verhältnisse an die Hand gegebenen Gesichtspunkte; vgl. Kapitel 1.3) nähern sich die drei untersuchten Beispiele allerdings nur an, ohne sie vollständig zu erfüllen. Aufgrund des deskriptiven Zwecks löst das *Statistische Jahrbuch* etwa das Kriterium der *Klarheit und Sachtreue* ein. Dagegen sind die *Gesichtspunkte* politisch vorgegeben und nur auf das statistische Informationssystem bezogen. Der *Bildungsbericht* berücksichtigt neben ökonomischen Gesichtspunkten bspw. auch rechtliche Aspekte. Die Beurteilung erfolgt nicht unparteiisch, wie dies etwa im Wissenschaftssystem geboten ist, sondern vor dem Hintergrund politischer Wertsetzungen. Die *Bildungsbeilage NZZ* weist die höchste Varianz an *Gesichtspunkten* auf: Es gibt politische, rechtliche, pädagogische, psychologische, ökonomische und soziologische Aspekte. Im Gegensatz zum *Statistischen Jahrbuch* und dem *Bildungsbericht*, welche Bildung mit zahlenbasiertem Wissen ordnen, erfährt sog. Erfahrungswissen (bspw. biographische Berichte) in der *Bildungsbeilage NZZ* eine prominente Berücksichtigung. Wird der Grad an Systematizität der Ordnungen des Wissens in den drei Berichten anhand der neun Dimensionen von Hoyningen-Huene (2017) betrachtet (Beschreibungen, Erklärungen, Vorhersagen, Verteidigung von Wissensansprüchen, Kritischer Diskurs, Epistemische Vernetztheit, Ideal der Vollständigkeit, Vermehrung von Wissen, Darstellung von Wissen), ist bei allen drei berichtenden Formen je nach Dimension mal ein höherer, mal ein geringerer Grad an Systematizität auszumachen. Insbesondere im *Bildungsbericht* wird die Arbeit mit wissenschaftlichen Methoden betont. Im *Bildungsbericht* findet ansatzweise auch eine Reflexion der wissenschaftlichen Methoden statt. In der *Bildungsbeilage NZZ* wird versucht, den Sachverhalt Bildung anhand unterschiedlicher Perspektiven darzustellen (bspw. an psychologischen oder ökonomischen Sichtweisen). In allen drei berichtenden Formen findet keine elaborierte Problematisierung bspw. hinsichtlich der Geltungsansprüche des Wissens oder mit Blick auf den umfassend kritischen Diskurs auf wissenschaftlichem Niveau statt. Aus erziehungswissenschaftlicher Sicht fällt insbesondere auf, dass sowohl auf (bildungs-)historische sowie (bildungs-)philosophische Erwägungen verzichtet wird. Insgesamt scheint sich die These von Luhmann zu bestätigen, wonach *es solchen Berichten weniger um Wahrheit und stärker um Information* geht. Insbesondere der *Bildungsbericht* läuft aufgrund seines proklamierten ganzheitlichen evaluativen Anspruchs Gefahr, sich in ein «methodisch sophistiziertes ‹selfish system›» zu verkehren (Reichenbach, 2018: 100). Ebenfalls am deutlichsten zeigt sich unter den untersuchten Berichten beim *Bildungsbericht* die Problematik, dass die Bestimmung der präskriptiven Komponente eines Urteils in der öffentlichen Bildungsberichterstattung Sache der Auftrag gebenden Instanz und nicht Gegenstand einer breiten diskursiven Vergewisserung ist.[60] Die Bildungsberichterstattung wird vom Ziel her und von den gesetzten präskriptiven Komponenten aus bestimmt (Effizienz, Effektivität, Equity). Damit einher geht der Verlust vielfältiger Reflexionsformen. Nun kann man einwenden – wie in den Fallbeispielen gezeigt –, dass jede öffentliche Berichterstattung notwendig Komplexität reduziert, damit eine Bildungsberichterstattung überhaupt möglich ist. Dieser Umstand spricht schlussendlich aber nur für eine vielfältige und in ihren Geltungsansprüchen bescheidene Bildungsberichterstattung in der Öffentlichkeit.

Dass sich Bildung als Gegenstand berichtender Formen in den menschlichen Praxisfeldern wie Statistik, Verwaltung und Presse etabliert hat, konnte anhand der Fallbeispiele gezeigt werden. Die Ordnungen des Wissens werden im *Statistischen Jahrbuch* sowie im *Bildungsbericht* hauptsächlich, in der *Bildungsbeilage NZZ* zumindest teilweise vom Glauben an die Zahl und das Messen konstituiert. Der zahlenbasierten Darstellung des Sachverhalts Bildung kann so im Prozess der öffentlichen Konsensbildung ein hoher Stellenwert zugeschrieben werden. Wie bereits ausgeführt, wurde auch eine Orientierung an bestimmten Schlagworten, die gesellschaftlich und politisch gerade besonders attraktiv erscheinen, ersichtlich: Effizienz, Effektivität, Equity, Gerechtigkeit, Digitalisierung, Fachkräftemangel usw.

Aus (erziehungs-)wissenschaftlicher Sicht zeigen sich resümierend durchaus Hinweise auf berichtende Formen als *wissenschaftliches Lightformat*: Eine Systematik des Bildungswesens wird vorgegeben, welche nicht problematisiert wird. Spezifische Themen werden vorgegeben. Wie die damit verbundenen

60 Zwischen Verfassungsauftrag und bildungspolitischer Umsetzung besteht ein Unterschied.

Probleme auszuverhandeln sind, wird ohne elaborierte wissenschaftliche Vergewisserung vorgegeben (also: Konstitutions- und Selektionsprobleme). Durch den Fokus auf Bildung *als* Institution und Pragmatik gehen zahlreiche weitere Dimensionen verloren und es werden spezifische (mehr oder minder kritisch geprüfte) Vorstellungen der Messbarkeit, der Produzier- und Herstellbarkeit und der Steuer- und Kontrollierbarkeit von Bildung etabliert. Insbesondere im *Statistischen Jahrbuch* und dem *Bildungsbericht* zeigt sich dann auch eine vorwiegend methodische statt einer (auch) theoretischen Herangehensweise. Damit wird klar, dass sich in keinem der überprüften Berichterstattungsbeispiele ein systematisch geordnetes erziehungswissenschaftliches Wissen manifestiert. Im nun folgenden Kapitel wird dieser Befund aus erziehungswissenschaftlicher Perspektive vertieft.

5.2 Problematisierung aus erziehungswissenschaftlicher Perspektive

Die Problematisierung der berichtenden Formen und damit die Diskussion der Frage, *inwiefern der Umgang mit Bildung dort aus erziehungswissenschaftlicher Perspektive als sachangemessen eingeschätzt werden kann*, erfolgt in analytischer beobachtender Absicht, damit anschliessend *Konsequenzen für die Erziehungswissenschaft als akademische Disziplin abgeleitet werden können.* Damit erfolgt eine Abgrenzung zu einer genuin *pädagogischen* und einer *kritischen* Interpretation.[61]

Was Bildung bedeutet, bezeichnet und wie Bildung möglich ist, ist umstritten. Laut Benner/Brüggen bezeichnet der Begriff der Bildung «im alltäg-

61 Eine *pädagogische* Interpretation will traditionell *Sinn* resp. *Orientierung* für pädagogische Berufe stiften (vgl. Tenorth, 2008: 35 f.). Eine *kritische* Interpretation hat eine *Reformreflexion* zum Ziel, also die auf Dauer gestellte Anstrengung zur Änderung der je (mehr oder minder plausibel behaupteten) vorfindbaren Bildung (vgl. Luhmann/Schorr, 1979/1988: 107 f.). Mit einem solchen Denkansatz geht eine folgenreiche Konsequenz einher: Setzt man den Ausgangspunkt bei einer als exzentrisch positioniert gedachten Bildung, gerät zwangsläufig auch erziehungswissenschaftliche Theoriebildung in eine exzentrische Position. Bildung wird einer Gesellschaft als fiktiv gegenübergestellt, mit der Folge, diese nur noch in Gegenwelten denken zu können, die zwangsläufig moralisch-appellative Züge trägt. Damit löst sich Erziehungswissenschaft in einer mehr oder minder banalen Gesellschaftskritik auf.

lichen wie im wissenschaftlichen Sprachgebrauch – sowohl den Prozess der Formung des Menschen als auch die Bestimmung, das Ziel und den Zweck menschlichen Daseins» (Benner/Brüggen, 2010: 174). Sie merken an, dass sich die Frage nach der systematischen Zuordnung von Bildung «auf ein in der Geschichte menschlicher Selbst- und Weltdeutung angelegtes Problem bezieht, für das es in angemessener Weise nur problematische Antworten, nicht aber eine überhistorisch-allgemeinverbindliche oder innerhistorisch-relativistische Antwort gibt und geben kann» (ebd.). Ihren Wörterbucheintrag schliessen sie mit der Feststellung: Der Begriff der Bildung erweist sich in seiner «Entfaltung auf das Medium einer diskutierenden Öffentlichkeit angewiesen, die es erlaubt, Differentes im Widerstreit zu erfahren, zu reflektieren und mit ihm in pluralen Formen von Kritik zu experimentieren» (ebd.: 214). Insbesondere im deutschsprachigen Raum ist auf formaler (und damit abstrakter) Ebene in der Erziehungswissenschaft und den Humanwissenschaften dennoch ein gewisser Konsens im Verständnis von Bildung auszumachen.[62] Ähnliche Bildungsverständnisse wie das bereits zitierte von Benner/Brüggen sind etwa zu finden bei Dörpinghaus/Poenitsch/Wigger, die erläutern, dass Bildung «ungeachtet der Gewichtungen und Nuancierungen [...] die Beziehungen und Verhältnisse zur Sprache bringt, die – erstens – Menschen zu sich selbst, – zweitens – zu ihren Mitmenschen und – drittens – zum Gesamt der Welt eingehen bzw. eingegangen sind» (Dörpinghaus/Poenitsch/Wigger, 2013: 10). Die besprochene Vorstellung von Bildung findet sich auch in der bereits in der Einleitung zitierten Studie von Rucker, der Bildung als den «Prozess der selbsttätigen Auseinandersetzung eines Menschen mit der Welt» versteht (Rucker, 2014: 234). Auch Tenorth sieht einen Konsens darin, «dass mit Bildung ein spezifisches Mensch-Welt-Verhältnis bezeichnet wird» (Tenorth, 2020: 546), wobei ein systematisches Problem in der Paradoxie bestehe, dass die Rede von Bildung «in der Konstruktion und Reflexion der Wechselwirkung von Mensch und Welt zwar ihr eindeutiges Thema hat, dass sie aber angesichts der Offenheit der gesellschaftlichen Situation neue Schließung oder eindeutig definierte Zukünfte nicht vorgeben, sondern nur je individuell als Angebot entwerfen kann» (ebd.: 256). Am Schluss seiner Studie bezeichnet er

62 Die hier exemplarisch referierten Werke bilden wesentliche Positionen innerhalb der Erziehungswissenschaft zum Thema Bildung ab. Darüber hinaus vermögen sie auch, interdisziplinäre Anschlüsse sichtbar zu machen.

«individuelle und kollektive Prozesse der Selbstkonstruktion in Wechselwirkung mit Welt» – Bildung – als «universale Spezialfunktion» (ebd.: 634). In einem interdisziplinär angelegten Sammelband hegen die Herausgeber «starke Sympathien», Bildung als «ein[en] Prozeß zu verstehen, in dessen Verlauf der Mensch selbsttätig, in Wechselwirkung mit den von außen einwirkenden Eindrücken und Impulsen, die in seiner Individualität angelegten Möglichkeiten zu entwickeln, zu verfeinern und zu perfektionieren strebe, um so auf je einzigartige, einmalige Weise die Möglichkeiten des Menschseins überhaupt in sich zu verwirklichen» (Maaser/Walther, 2011: XIII).

Aufgrund dieser formalen Bildungsverständnisse ergeben sich einige Konsequenzen. Zunächst ist *Bildung* nicht allein ein Begriff der Erziehungswissenschaft, sondern ein Thema in den Humanwissenschaften. Über den Status von *Bildung* in der Erziehungswissenschaft herrscht Uneinigkeit. Anhalt/Rucker/Welti (2018) nehmen bspw. die Frage nach der *Ermöglichung von Bildung* durch Erziehung in den Blick. Tenorth (2020) nimmt keine spezifische Positionierung vor, sondern verweist darauf, dass «trotz der differenten begrifflichen Optionen» die Forschungen «ein vergleichbares Thema und eine relationierbare empirische Referenz» haben: «Es geht, noch ohne strikte theoretische Modellierung des Phänomens, um die historisch varianten Prämissen, Normen und Formen und um die individuell wie kollektiv zu beobachtenden Folgen des Aufwachsens und Verhaltens und Handelns in Gesellschaft, in welchen Welten auch immer» (Tenorth, 2020: 265). Reichenbach ist der Ansicht, dass Bildung «nicht etwas grundlegend eigenes und anderes als Erziehung» ist. «Bildung ist auch nicht allein das Ziel der Erziehung, vielmehr sind Erziehungs- und Bildungsprozesse letztlich nur analytisch zu trennen, gehören aber in der realen Entwicklung des Menschen auf elementare Weise zusammen. Bildung fängt nicht dort an, wo Erziehung aufhört, vielmehr stehen beide in der Aufgabe, den Menschen aus seiner Zentrizität herauszuholen, aus dem Sumpf der Gedankenlosigkeit, der Interesselosigkeit, des Unvermögens und der Selbstverachtung» (Reichenbach, 2020: 62). Je nach theoretischer Fokussierung finden sich unterschiedliche Gewichtungen in der Argumentation, etwa: *Bildung als Wert an sich selbst,*[63] *Bildung für Besitz und Status, Bildung in Praktiken und Formen der Lebensführung, Bildung der Nation, Bildung als*

63 Zur Problematik etwa einer Bestimmung von Bildung als *zweckfrei* vgl. Heid (2016); Tenorth (2020: 463 ff.).

Wachstumsfaktor und Modernisierungspotential (vgl. Tenorth, 2020: 461 ff.). Daraus folgt, dass dem Fazit von Tenorth (2020) und Reichenbach (2020) zugestimmt werden kann:

«Bildung, das lehrt dieser Blick auf die Praktiken und Effekte der Selbstkonstruktion von Individuen angesichts einer entfalteten Bildungsinfrastruktur, behält offenbar ihre relative Autonomie auch dann, wenn man sie als Ressource in unterschiedlicher Referenz nutzt oder betrachtet. Politisch und pädagogisch, zum Glück, nicht eindeutig oder gar hinreichend kontrollierbar, entwickeln sich zugleich auch die individuellen wie kollektiven Formen der Verwertung eher naturwüchsig als geplant. Die Befürchtung, dass Bildung angesichts ihrer gesellschaftlichen und ökonomischen Bedeutung ihr humanes, auf die Persönlichkeit des Einzelnen zielendes Potential systematisch verliert, ist deshalb auch so naheliegend wie übertrieben, wenn man sie generalisiert. Bildung behält die Ambivalenz und Vielfalt der Bedeutungen und Wirkungen, die sie wie alle universalen Spezialfunktionen von Gesellschaft besitzt. Als soziale Tatsache unausweichlich und als individuelle Ressource mental, kognitiv und moralisch nicht substituierbar, als konstitutiver Faktor gesellschaftlicher Ungleichheit in Status und Prestige, Einkommen und Lebensrisiken machtvoll wirksam» (Tenorth, 2020: 501).

In diesem Zusammenhang kann man sich der Feststellung von Reichenbach nur anschliessen, dass sich die «Sprache der Bildung» nicht allein «an der weitgehenden Gleichsetzung von Bildung mit Schul- beziehungsweise Bildungsabschluss feststellen lässt» (Reichenbach, 2020: 30).

Dem hier Erörterten zufolge können in einer pluralistischen Erziehungswissenschaft, die nicht auf bestimmte sog. *empirische* Zugriffe eingeengt ist, verschiedene Reflexionsformen nur begrüsst werden.[64] Neben unterschiedlichen Reflexionsformen sind auch «die Quellen zur Rede von ‹Bildung› […] nahezu grenzenlos» (Tenorth, 2020: 18). So finden sich Redeweisen über Bildung etwa in *Bildungserzählungen*, in der Bildungspolitik etwa als *Bildung in Zahlen*, sowie in der Wissenschaft und in der Öffentlichkeit (vgl. Dörpinghaus/Poenitsch/Wigger, 2013). Aufgrund dieser Überlegungen kann die

64 Volker Kraft nennt etwa eine «prinzipientheoretische Reflexion», eine «phänomenologisch-empirische Reflexion», eine «anthropologische Reflexion», eine «ethische Reflexion», eine «gesellschaftlich-politische Reflexion», eine «didaktisch-technologische Reflexion» sowie eine «institutionell-organisatorische Reflexion» (Kraft, 2013: 187).

Relevanz des Erfahrungsobjekts dieser Untersuchung – *berichtende Formen mit Bezug auf Bildung* – für die Erziehungswissenschaft kaum sinnvoll bestritten werden. So mögen die «klassischen Texte» für die Erziehungswissenschaft «eine wesentliche Referenz» bleiben, da sie, wenn auch «nicht immer sogleich sichtbar […] die generelle Wahrnehmung des Themas und seiner Dimensionen» prägen. Aber die «aktuelle Rede ist zugleich geformt durch die Erfahrungen, die man in den letzten zwei Jahrhunderten mit der Idee der Bildung, mit der Bildungspraxis, dem Bildungssystem und seiner öffentlichen Rolle und nicht zuletzt mit der Rede von Bildung selbst gemacht hat. Sie vor allem gewinnt dabei eine eigene Form und prägt zugleich die Gestalt, in der argumentativ das Thema in der Gesellschaft dominant präsent ist» (Tenorth, 2020: 155).[65] Dabei ist anzunehmen, dass in unterschiedlichen Texten und Textarten «Eigenheiten der Thematisierung von Bildung» deutlich werden (Dörpinghaus/Poenitsch/Wigger, 2013: 33). Somit ist offensichtlich auch das Erkenntnisobjekt (Formalobjekt) – *Ordnungen des Wissens* – für eine erziehungswissenschaftliche Diskussion von Relevanz. Im nun folgenden problematisierenden Teil wird nun die Frage diskutiert, *inwiefern der Umgang mit Bildung in den untersuchten Berichten aus erziehungswissenschaftlicher Perspektive als sachangemessen eingeschätzt werden kann und welche Konsequenzen für die Erziehungswissenschaft als akademische Disziplin abgeleitet werden können.*

Zunächst bestätigt sich anhand der drei Fallstudien, dass Bildung in der Öffentlichkeit «zumeist mit Schule assoziiert» wird (Dörpinghaus/Poenitsch/Wigger, 2013: 20; vgl. auch Tenorth, 2020: 380). Die Wortkomposita Bildungssystem und Bildungsstatistik beziehen sich «im Kern auf das Schulwesen, so dass Aspekte ausgeblendet werden», die etwa in klassischen Bildungserzählungen zur Sprache kommen, wie bspw. «die biographische Bedeutung einzelner Situationen. Zugleich werden neue Facetten der Thematisierung von Bildung deutlich» (Dörpinghaus/Poenitsch/Wigger, 2013: 20). In den untersuchten berichtenden Formen wird ersichtlich, dass sich Bildung als gesellschaftliche Institution «in historisch-kultureller Varianz in eigener Form entfaltet, unabhängig von den Subjekten, aber unausweichlich für ihre individuelle Situation, als ein eigenständiges Gefüge und als eine notwendige

65 Tenorth bezieht sich hier auf eine deutsche Tradition der Bildungsreflexion. Deshalb spricht er von *den letzten zwei Jahrhunderten.*

‹Infrastruktur› moderner Gesellschaften», sie ist «insofern soziale Tatsache geworden» (Tenorth, 2020: 380). Somit wird in allen drei Berichten *eine* Bildungswelt repräsentiert, «in Differenz zu einer Umwelt, die von diesem System die Lösung des Problems der ‹Bildung› erwartet, d. h. die soziale und zeitliche Ordnung der gesellschaftlichen und individuellen Reproduktion» (ebd.: 381). Gemäss Tenorth soll in dieser Bildungswelt «der *homo paedagogicus* erzeugt werden, das allzeit lernbereite Subjekt, das sich für seine soziale und materielle Reproduktion, für den Erfolg und auch für das Scheitern, selbst die Verantwortung zurechnet und die Lerngelegenheiten und Gratifikationen, Zertifikate und Referenzen des Bildungssystems nutzt, um seinen Lebenslauf zu strukturieren und seine Teilhabe an Gesellschaft, erfolgreich oder in selbstgewählter oder zugeschriebener Distanz, zu organisieren» (ebd.; Hervorhebung im Original). Mit dem bildungspolitischen Klassifikationsschema des *Bildungssystems Schweiz* nach Bildungsstufen und -typen, welches sowohl dem *Statistischen Jahrbuch* als auch dem *Bildungsbericht* zugrunde liegt und exemplarisch mit der Themenbeilage *Gymnasium* in der *Bildungsbeilage NZZ* berichtet wird, soll – wie oben erwähnt – ein epistemisches Problem bearbeitet werden: Das Spannungsverhältnis von Vergangenheit und Zukunft. In den Berichten zeigt sich dieses Problem deutlich anhand der stets virulenten Fragen nach Abschlüssen und Anschlüssen bzw. Verwert- und Verwendbarkeit von Bildung, sowie darüber hinaus in der Diskussion spezifischer Fortschrittsideen (bspw. im *Bildungsbericht*). Gelernt werden muss nicht nur für die Schule, sondern auch für das Leben in verschiedenen Funktionssystemen. Um für den *funktionalen Nachschub* zu sorgen, der «spezifische Strukturen aufweisen» muss, ohne die andere Funktionssysteme gar nicht existieren könnten (Kraft, 2021: 224), erscheint zumal in einer *funktional ausdifferenzierten Gesellschaft* diese Leistungserbringung mit der sozialen Selektion als *Zweitcodierung* (Qualifikationen; Zensuren, Zeugnisse, Zertifikate usw.) unumgänglich. Mit dem gestuften Modell des *Bildungssystems Schweiz* wird Bildung auch als knappes Gut im Sinne einer «Knappheit der Zeit, die für Bildungsprozesse zur Verfügung steht», ersichtlich (Tenorth, 2020: 502). In dieser Bildungswelt sind utopische «Bilder der Zeitlosigkeit oder der nicht vergehenden Gegenwärtigkeit des Bildungsprozesses» nicht zu haben, Lern- bzw. Bildungszeit wird als «bemessene, knappe, vergehende, irreversibel sich entwickelnde Zeit» verstanden (ebd.: 503), die darüber hinaus irgendwie bezahlt werden muss. Mit der Ausdehnung der Weiterbildung, auch das wird in den Berichten deutlich, «beansprucht Bildungszeit mehr von der Lebenszeit aller Heranwachsenden als je in der Bildungsgeschichte» (ebd.). Insbesondere dieses Wissen und die damit verbundenen Probleme werden in den Berichten laufend aktualisiert. Es wird davon ausgegangen, dass durch eine stetige Institutionalisierung pädagogischer Prozesse gesellschaftlich gewünschte Fortschrittsideen realisiert werden und sich gar gesellschaftspolitisch erwünschte *kumulative Effekte* zeitigen (vgl. *Bildungsbericht*), d.h. Effekte nicht nur über die ganze Bildungslaufbahn hinweg, sondern auch ausserhalb der formalen (schulischen) Bildung sichtbar werden. Die systematische Institutionalisierung pädagogischer Prozesse scheint notwendig, weil Fortschritt – trotz aller konstruktivistisch gefärbten pädagogischen Rhetorik wie etwa bei der Rede von *Selbststeuerung, Lernen vom Kinde aus* usw. – irgendwie trotzdem nur ermöglicht wird, wenn auf der Vergangenheit aufgebaut wird. Das *allzeit lernbereite Subjekt* wird insbesondere im *Bildungsbericht* anhand des bildungspolitischen Konzepts sichtbar, *das Lernen und Bildung als lebenslangen Prozess versteht.* So kommt etwa der *Weiterbildung*, die nie endet (vgl. Klassifikationsschema *Bildungssystem Schweiz* im *Statistischen Jahrbuch* und im *Bildungsbericht*), besondere Bedeutung zu. Damit wird eine – auch in pädagogischen Modellen weit verbreitete – Codierung von Bildung bzw. eben schulischer Bildung umcodiert. Auch Erwachsene müssen sich immer formal *weiter*bilden. Bildung wird als gesellschaftliche Pflicht verstanden (vgl. auch Zymek, 2012).

Mit der Repräsentation von Bildung in Zahlen im *Statistischen Jahrbuch* sowie im *Bildungsbericht* erhält man Auskunft über den «Zustand des Bildungssystems, über seine Ergebnisse und über die Entwicklung des Bildungssystems» (vgl. Dörpinghaus/Poentisch/Wigger, 2013: 28). Insbesondere wird die Leistung des Bildungssystems beschrieben, etwa anhand der Zahl der Bildungsabschlüsse, der Bildungsausgaben und der verschiedenen Aufwände. Darüber hinaus sind in der *Bildungsbeilage NZZ* Hinweise enthalten, wie sich «die Funktion des Bildungssystems für Individuen» bestimmen lässt (Tenorth, 2020: 380). In den untersuchten Berichten wird Bildung nicht primär als *Wert an sich* bestimmt, sondern in seiner ökonomischen und gesellschaftspolitischen Bedeutung thematisch: Bildung wird einerseits als Bedingung «für innovatives, anwendbares und Gewinn bringendes Wissen und insofern als [Beitrag] zu den ökonomischen Ressourcen des Landes betrachtet» (Dörpinghaus/Poentisch/Wigger, 2013: 31; vgl. insbesondere das *Statistische Jahrbuch* sowie den *Bildungsbericht*). Andererseits soll Bildung der Integration und dem sozialen Ausgleich dienen: «Das Versprechen, dass jeder durch seine eigene Leistung seinen Erfolg erreichen kann und dass seine Stellung in der Gesellschaft Resultat seiner Leistung ist, soll durch Bildung eingelöst werden» (Dörpinghaus/Poentisch/Wigger, 2013: 31). Speziell im *Bildungsbericht* und in der *Bildungsbeilage NZZ* findet sich ein spätestens seit der sog. Bildungsexpansion etablierter Glaube an die egalitären Folgen von Bildung. Der Traum vom sozialen Aufstieg darf nicht völlig in Resignation aufgehen und muss zumindest partiell gelingen (vgl. etwa die Geschichte der Schülerin Assma Abdallah in der *Bildungsbeilage NZZ*). Diese Aufgabe wird dem Bildungssystem überantwortet, es hat Bildung und damit auch Chancengleichheit zu gewährleisten oder gar herzustellen, korrigierend einzugreifen usw., obwohl alles Wissen über diesen Sachverhalt das sog. Bildungsparadoxon nicht aus der Welt schaffen kann, «[d]ass Chancengleichheit soziale Ungleichheit zwar partiell abmildern, sie prinzipiell jedoch nicht zu beseitigen vermag, sondern sie in bestimmten Hinsichten sogar immer auch verstärkt. Als machtvolle Zweitcodierung bedeutet dies für die Selektionsfunktion des [Bildungssystems] zum Beispiel, dass mehr Inklusion (aus unbestreitbar guten Gründen) u.a. zur Folge hat, die Selektionsfunktion in andere Systeme hinein zu verschieben» (Kraft, 2021: 229; vgl. auch Heid, 1988). Mit der Überantwortung der Aufgabe von Chancengleichheit oder eben *Equity* geht eine eigentümliche, exzentrische Positionierung des Bildungssystems einher: Die Vorstellung, gesellschaftliche Strukturen seien leicht zu verändern oder könnten gar ignoriert werden, weil eben *Bildung* die Lösung sei und das Bildungssystem diese Lösung herbeiführen müsse, das Bildungssystem in einem gewissen Sinne exzentrisch zu einer Gesellschaft positioniert sei.

Das Bildungssystem soll – so ein insbesondere in der *Bildungsbeilage NZZ* erkennbares Denkmuster – den Zugang zu den Wissensspeichern einer Gesellschaft regeln, «wobei es um die Fähigkeit geht, die Welt in ihrer Symbolhaftigkeit zu erkennen und zu verstehen, dann selbst mit Symbolen umgehen zu können, sie zu sinnhaften und sinnvollen Zusammenhängen neu zu verbinden, um so in der Welt zu bestehen oder in sie einzugreifen» (Winkler, 2006: 100). Vor diesem Hintergrund einer Differenz von Wissen und Nicht-Wissen werden Wirkungen pädagogischer Praxis in «psychologisch zu interpretierenden Dimensionen» verlangt, mithin vom Bildungssystem «Effekte unmittelbar auf Personen erwartet» (ebd.: 123). So wird etwa das psychologische Konstrukt *Intelligenz* für die soziale Selektion im Bildungssystem absolut gesetzt und eine nicht optimale Berücksichtigung des Konstrukts bei einzelnen Schülerinnen und Schülern im Sinne einer Determinationslogik auf gescheiterten oder schlechten Unterricht zurückgeführt. Damit einher geht die Hoffnung auf «Kausalitäten und Techniken, mit welchen Einzelne zu einem guten Funktionieren kommen» (ebd.: 33).

Offenkundig werden hohe Ansprüche an das Bildungssystem gestellt, welche schwerlich einlösbar sind. Auch mit Referenz auf Tenorth (2020) kann festgehalten werden, dass diese problematischen Ansprüche als Indizien für die Leistungsfähigkeit eines Bildungssystems in unterschiedlichen Dimensionen gelesen werden können. In den untersuchten Berichten wird darüber hinaus ein Interesse an der Steigerbarkeit der Leistungen des Bildungssystems und Interventionsmöglichkeiten erkennbar. Allerdings geht das «wahrscheinlich aber nur bis zu dem Punkt, dass seine Eigendynamik sich bemerkbar macht und letztlich der Erfolg zur Ursache seines Scheiterns wird, weil die genuinen Funktionsprämissen ignoriert oder dispensiert werden, dass nämlich schon pädagogische Gleichheit, etwa in der Praxis der Schule, nie gesellschaftliche Gleichheit erzeugen kann, weil sich schon die je individuellen Formen der Aneignung von Welt im Bildungssystem nicht dispensieren lassen» (Tenorth, 2020: 638). Schulische Bildungsprozesse «vergesellschaften nicht nur und zuverlässig, als Bildungsprozesse bleiben sie letztlich auch je individuelle Konstruktionen, deren Negationspotential pädagogisch, zum Glück, nicht dispensiert werden kann – und in dem sich die Eigenlogik von Bildungsprozessen zuerst manifestiert» (ebd.).

In den untersuchten berichtenden Formen, das sollte deutlich geworden sein, wird Bildung vorwiegend als Humankapital beschrieben. Eine insbesondere in Teilen der Erziehungswissenschaft oder auch in der *Bildungsbeilage NZZ* zu beobachtende Entrüstung gegen diese Perspektive ist jedoch «zu emphatisch; denn auch für die Kritiker der Ökonomisierung von Bildung, das werden sie kaum leugnen können, hat die eigene Bildung unverkennbar einen Wert. Schon Karrieren im Wissenschaftssystem sind, wie die Kritiker aus ihren eigenen Karrieren und Karriereambitionen wissen, nichts anderes als eine Form der Kapitalisierung von Bildungsanstrengungen» (Tenorth, 2020: 462).[66]

66 Helmut Heid stellt zur Kritik an einer Bestimmung von Bildung als Humankapital lapidare Fragen: «Welcher Lehrende und welcher Bildungstheoretiker darf sich anmaßen, diejenigen Lernenden moralisierend zu diskreditieren, die allen Grund haben danach zu

Die untersuchten Berichte zeigen deutlich, dass Bildung im Sinne einer Ressource «als zentrale soziale Tatsache in allen modernen Gesellschaften und Staaten präsent [ist], wie selbstverständlich auch immer in ambivalenter Gestalt, als ein wesentlicher Mechanismus der Konstitution von Differenz und damit der Bestätigung und Beförderung von Ungleichheit, aber auch als ein Faktor der Individualisierung und Egalisierung» (ebd.: 463). Die Relation von «Bildung als eigenständigem, immer auch individuell bestimmten Modus der Lebensführung mit den gesellschaftlichen Systemen und den sie regierenden Funktionsprämissen» ist und bleibt problematisch (ebd.: 498).

Im Gegensatz zu einer «traditionellen Pädagogik», welche sich auf «den Mikrobereich des professionellen Handelns der Gestaltung des Unterrichts, des Lernens oder der Leistungsüberprüfung beschränkt» (Dörpinghaus/Poenitsch/Wigger, 2013: 127), beziehen sich insbesondere das *Statistische Jahrbuch* und der *Bildungsbericht* auf den «Makrobereich mit der Gestaltung des institutionellen Rahmens pädagogischen Handelns und des ganzen Bildungssystems» (ebd.). Dabei dominieren Angebots-Nutzungs-Modelle, welche speziell input-, output- und outcome-orientiert sind. In der damit gewählten Perspektive, so Tenorth, ist zu bemerken, dass «für die Erklärung der dem Bildungssystem zugerechneten und als Testleistungen der Lernenden gemessenen Ergebnisse zum einen die Tatsache der Ko-Konstruktion systematisch nicht berücksichtigt wird, in der in der Praxis von Lehrenden und Lernenden die Kompetenzen erworben und die gemessenen Leistungen überhaupt erst erbracht werden, und dass zum anderen auch die grundlegende Frage ausgeblendet wird, worin denn die ‹Natur verständnisvollen Lernens› eigentlich besteht» (Tenorth, 2020: 263 f.). Diese Perspektive steht in einem Gegensatz zu «der Grundprämisse aller Bildungsreflexion, dass Prozesse der Selbstkonstruktion des Subjekts in Wechselwirkung mit der Welt ihr Thema ausmachen» (ebd.: 264).

---

fragen, was sie mit dem Gelernten oder mit dem zu Lernenden in ihrem späteren Leben einmal anfangen können? […] Wo bleibt der (so oft eingeforderte) Respekt vor der Selbstbestimmung des Lernenden? Wo liegt das theoretische und praktische Problem, wenn Heranwachsende mit dem, was sie in einem Kontext lernen, in dem es (programmatisch und aus der Perspektive einer Lehrperson) um nichts anderes als um die ‹reine› Bildung geht, wenn sie also mit genau dem für die Erfüllung ihrer Alltags- und Berufsaufgaben eine ganze Menge anfangen können?» (Heid, 2016: 79).

In vorliegender Untersuchung konnte anhand der exemplarischen Berichte gezeigt werden, dass das Thema Bildung «nicht nur aus wissenschaftlichen Sichtweisen in den Blick kommt», sondern auch «politische, populärwissenschaftliche und journalistische Redeweisen von und über Bildung möglich sind» (Dörpinghaus/Poentisch/Wigger, 2013: 116). Eine Erziehungswissenschaft tut gut daran, zunächst berichtende Formen in der Öffentlichkeit zu konstatieren, um immer wieder «Antworten auf die Fragen nach Möglichkeiten und Grenzen, Art und Umfang von Bildung in Theorie und Praxis» zu gewinnen (ebd.). Konkret heisst das, «Möglichkeiten vernünftiger Thematisierung von Bildung nicht nur auf eine Sichtweise zu beschränken» (ebd.: 117) und damit verbunden innerhalb der erziehungswissenschaftlichen Thematisierung «keine einseitige Blickrichtung zu favorisieren» (ebd.).

Insbesondere auch bspw. in der *Bildungsbeilage NZZ* vorfindbare, dichotome Argumentationsmuster, die oberflächlich einen Gegensatz zwischen subjektiven und gesellschaftlichen Dimensionen von Bildung postulieren (bspw. Zweckfreiheit vs. an Leistung orientierter Wettbewerb, Ausbildung vs. Bildung, Prinzip der Knappheit vs. Musse und Zeitlosigkeit) ist – zumindest aus wissenschaftlicher Sicht – wenig erhellend, mit stetiger Wiederholung ermüdend und schlicht langweilig. Es ist eine Rhetorik, die – von welchem Pol aus auch immer – konstant «‹Widersprüche› zwischen Bildung und Gesellschaft aufzudecken meint», aber der «Bildungswirklichkeit nicht gerecht wird» (Tenorth, 2020: 503). Solche «Pseudokritik» verdeckt, dass wir «unter Bedingungen aufwachsen, in denen ‹Vergesellschaftung› und die Bildung von ‹Individualität› immer koexistieren, in – selbstverständlich – spannungsreicher Symbiose, auch in der Symbiose von Lebensformen und Idealen, die selbst nicht harmonisierbar sind» (ebd.: 503 f.). Die Aufgabe einer Erziehungswissenschaft kann darin gesehen werden, anhand unterschiedlicher Reflexionsformen *auch* berichtende Formen in der Öffentlichkeit wahrzunehmen, «sich der Realität von Bildung zu vergewissern und die Wirklichkeit des Aufwachsens und Handelns in modernen Gesellschaften im Lichte des Bildungsbegriffs zu sehen, in seinem Wandel zu verstehen und zu interpretieren» (ebd.: 259). Dazu gehört selbstverständlich eine elaborierte wissenschaftliche Kritik, bspw. wenn einzelne Konstrukte oder Prinzipien hypostasiert werden (bspw. psychologische, ökonomische, politische) und man dann meint, mit modischen Parolen die Lösung für Probleme gefunden zu haben. Wir leben nicht in einer geschlossenen Bildungswelt, sondern «in einem Alltag multipler Referenzen, spannungsreicher Herausforderungen und konkurrierender Werte in der Gestaltung der Lebensformen sowie in ambivalenten, je nach sozialer Lage eher offenen oder geschlossenen, engen oder weiten, leicht zugänglichen oder milieuspezifisch versperrten Handlungsoptionen» (Tenorth, 2020: 505).

Zum Schluss: Was macht nun aus (erziehungs-)wissenschaftlicher Sicht eine adäquate Bildungsberichterstattung aus und welche Aufgabe kommt dabei einer Erziehungswissenschaft zu? Da Bildung offenbar *in ihrer Entfaltung auf das Medium einer diskutierenden Öffentlichkeit angewiesen* ist, ist ebendiese Öffentlichkeit auch auf eine vielfältige und qualitativ hochwertige Bildungsberichterstattung angewiesen. Auch wenn Bildung in der Öffentlichkeit – aus verständlichen Gründen – vorwiegend als Humankapital beschrieben wird, ist es insbesondere mit Bezug auf das Bildungssystem einer Gesellschaft angebracht, auch bildungshistorische und -philosophische Vergewisserungen vorzunehmen. Durch bildungshistorische Perspektiven kann bspw. vermieden werden, unwissentlich Altes als Neues auszugeben und ein Verständnis für eher sinnfreie Reformen zu entwickeln. Speziell eine Bildungsphilosophie ist in der Lage, sich auch mit normativen Fragen und sinnvollen Aufgaben der Bildung bzw. des Bildungssystems zu befassen sowie alternative Bildungswelten zu thematisieren. Aus formaler Hinsicht sind insbesondere die in Kapitel 1.3 etablierten Kriterien eines *guten Berichts* zu berücksichtigen. Bezogen auf ein sachangemessenes Urteil ist es lohnenswert, sich – auch im Sinne eines selbstkritischen Berichterstatters/einer selbstkritischen Berichterstatterin – ab und an der folgenden Fragen zu vergewissern: Wer beurteilt was wem gegenüber zu welchem Zweck mit Bezug auf welches Kriterium wie? Insbesondere eine skeptische bzw. problematisierende Sichtweise auf adäquatem (erziehungs-)wissenschaftlichem Niveau – auch wenn das einigen Berichtszwecken zu widersprechen scheint, vielleicht sollte man dann eher die Zwecke überprüfen – wird in den untersuchten Berichten weitgehend vermisst. Das hängt womöglich auch mit dem Thema Bildung zusammen: Bildung gilt in einer Gesellschaft nach wie vor als *Reformutopie*, und zwar nicht nur bei einigen traditionsorientierten Bildungsphilosophinnen und -philosophen.

Eine Erziehungswissenschaftlerin/ein Erziehungswissenschaftler, die/der selbst öffentlich Bericht mit Bezug auf Bildung erstatten möchte, sollte zumindest über die – bereits zitierten – von Gonon postulierten Elemente einer erziehungswissenschaftlichen Expertise verfügen: «Expertise beruht auf der Vertrautheit mit den Bildungsinstitutionen und auf der Bewertung von Fakten.

Sie baut auf situations-bezogenen Darlegungen und Bezugnahmen von Studien, die zum Teil auch selbst initiiert und durchgeführt wurden. Die Haltung des Experten zeichnet sich durch einen Realitätssinn aus, sie ist demgemäß anti-utopisch, aber auch anti-dogmatisch und anti-ideologisch. Die Expertise ist insofern reflexiv, als sie zum Bestehenden Alternativen aufzeigt und diskutiert und damit auch Perspektiven für Entwicklungen darlegt.» Ein guter Experte, fährt Gonon fort, stützt sich «im Unterschied zum Intellektuellen, der oft trotz unvollständigem Faktenwissen und fehlender Professionalität sich dennoch zu Themen von Belang äußert, [...] auf seine *techne*, auf das von ihm erworbene und wiederum auch lehrbare Wissen» (Gonon, 2012: 303; Hervorhebung im Original). Der Vorteil einer Erziehungswissenschaft, die sich durch berichtende Formen in den öffentlichen Diskurs einbringt, liegt – etwa im Gegensatz zu einem *Bundesamt für Statistik (BFS)* oder zu einer *Bildungsforschung (SKBF)* – in ihrer epistemischen (und nicht etwa nur methodischen) Autorität. Das bedeutet, dass sie in der Lage ist, selbst Problembestimmungen, -bearbeitungen und Systematisierungen vorzunehmen. Entgegen früheren Verständnissen von Erziehungswissenschaft geht es «nicht mehr darum, pädagogische Theorien ‹umzusetzen›, sondern Praxisfelder zu beobachten und mit Daten», Argumenten usw. «zu korrigieren, ohne gezwungen zu sein, mit bestimmten Theorien Recht haben zu müssen. Theorien sind Hypothesen und nicht Garanten für pädagogische Gewissheiten, die ihre Risiken selbst tragen müssen» (Fatke/Oelkers, 2014: 11). Damit sie diese Funktion und Aufgabe wahrnehmen kann, ist sie allerdings darauf angewiesen, zunächst die bestehende öffentliche Berichterstattung möglichst *sine ira et studio* zur Kenntnis zu nehmen. Insofern erweist sich das Materialobjekt in Kombination mit dem Formalobjekt dieser Studie für die Erziehungswissenschaft als aufschlussreich. Einerseits liegt anhand der Berichterstattungsbeispiele eine Deskription von aus gesellschaftlicher Sicht relevanter Thematisierung von Bildung vor, andererseits zeigt sich insbesondere anhand der in Kapitel 5 geführten Ergebnisdiskussion der Bedarf an einer erziehungswissenschaftlichen Expertise.

In vorliegender Studie konnte gezeigt werden, wie in einer Gesellschaft Bildung mit der und durch die Berichterstattung eigene Formen gewinnt und in der öffentlichen Konsensbildung von Bedeutung ist. Dabei wurde deutlich, dass die berichteten Sachverhalte und Zusammenhänge nicht explizit als pädagogische Probleme hervortreten, sondern vorwiegend gesellschaftspolitisch und ökonomisch verstanden werden. Damit einher gehen aus erziehungswissenschaftlicher Perspektive eine latente Überforderung des Bildungssystems sowie eigentümliche Hypostasierungen von Werten (ökonomische, politische, psychologische usw.), darüber hinaus spezifische, jedoch nicht explizit thematisierte Vorstellungen von und Annahmen über Bildung. Vor dem Hintergrund des offenkundig gesellschaftlichen und kulturellen Bedarfs der Objektivation des Sachverhalts Bildung, den spezifischen Ordnungen des Wissens in der öffentlichen Berichterstattung, der damit einhergehenden politischen Rhetorik, welche u. a. mit der Berichterstattung in die alltägliche Kommunikation sickert, liegt ein Problemfeld, das auf eine weiterführende erziehungswissenschaftliche Bearbeitung wartet.

Literatur

Anhalt, Elmar, Thomas Rucker und Gaudenz Welti (2018): «Erziehung als Ermöglichung von Bildung. Über die originäre Problemstellung der Erziehungswissenschaft im Kontext der Bildungsforschung», Erziehungswissenschaft, 29 (56), S. 19–25.

Assmann, Aleida (2015): Im Dickicht der Zeichen, Berlin: Suhrkamp.

Assmann, Jan (1996): «Kulturelle und literarische Texte», in: Loprieno, Antonio (Hrsg.): Ancient Egyptian Literature. History and Forms, Leiden: Brill, S. 59–82.

Augustin, Thomas ([2]2015): «Statistik», in: Farzin, Sina und Stefan Jordan (Hrsg.): Lexikon Soziologie und Sozialtheorie. Hundert Grundbegriffe, Stuttgart: Reclam, S. 281–284.

Barlösius, Eva und Barbara Maria Köhler (1999): «Öffentlich Bericht erstatten – Repräsentationen gesellschaftlich umkämpfter Sachverhalte», Berliner Journal für Soziologie, 9, S. 549–565.

Barnard, Alex V. und Marion Fourcade (2021): «Das Unbehagen an der Ordinalisierung», Kölner Zeitschrift für Soziologie und Sozialpsychologie, 73, S. 113–135.

Behrisch, Lars (2016): Die Berechnung der Glückseligkeit. Statistik und Politik in Deutschland und Frankreich im späten Ancien Régime, Ostfildern: Thorbecke.

Benner, Dietrich und Friedhelm Brüggen (2010): «Bildsamkeit/Bildung», in: Benner, Dietrich und Jürgen Oelkers (Hrsg.): Historisches Wörterbuch der Pädagogik. Studienausgabe, Weinheim und Basel: Beltz, S. 174–215.

Berger, Peter L. und Thomas Luckmann ([26]2016): Die gesellschaftliche Konstruktion der Wirklichkeit. Eine Theorie der Wissenssoziologie [1966], Frankfurt am Main: Fischer Taschenbuch Verlag.

Bildungsbeilage NZZ (2021): Bildung. Gymnasien – Algorithmen statt Bleistift und Papier, Zürich: Neue Zürcher Zeitung.

Biti, Vladimir (2000a): «Funktion», in: ders.: Literatur- und Kulturtheorie. Ein Handbuch gegenwärtiger Begriffe, Reinbek bei Hamburg: Rowohlt, S. 257–261.

– (2000b): «Zitat», in: ders.: Literatur- und Kulturtheorie. Ein Handbuch gegenwärtiger Begriffe, Reinbek bei Hamburg: Rowohlt, S. 859–860.

Blankertz, Herwig (1974): «Bildung – Bildungstheorie», in: Wulf, Christoph (Hrsg.): Wörterbuch der Erziehung, München: Piper, S. 65–69.

Bochenski, Innocentius Marie (1954/1975). Die zeitgenössischen Denkmethoden, München: Franke.

Bormann, Inka, Sigrid Hartong und Thomas Höhne (Hrsg.) (2018): Bildung unter Beobachtung. Kritische Perspektiven auf Bildungsberichterstattung, Weinheim und Basel: Beltz Juventa.

Brosziewski, Achim (2018): «Kognition und Kommunikation in Listen, Tabellen und Skalen. Analysiert am Fall der Bildungsberichte», in: Bormann, Inka, Sigrid Hartong und Thomas Höhne (Hrsg.): Bildung unter Beobachtung. Kritische Perspektiven auf Bildungsberichterstattung, Weinheim und Basel: Beltz Juventa, S. 43–65.

Bundesamt für Statistik (1993): Bildungsindikatoren Schweiz, Bern: Bundesamt für Statistik (= BFS).

– (1995): Bildungsindikatoren Schweiz. Bildungssystem(e) Schweiz im Wandel, Bern: Bundesamt für Statistik (= BFS).

– (1999): Bildungsindikatoren Schweiz 1999, Neuenburg: Bundesamt für Statistik (= BFS).

– (2002): Bildungsindikatoren Schweiz. Strategien für die Zukunft, Neuenburg: Bundesamt für Statistik (= BFS).

– (2007): Bildungsmosaik Schweiz. Bildungsindikatoren 2007, Neuenburg: Bundesamt für Statistik (= BFS).

– (2008): Modernisierung der Erhebungen im Bildungsbereich, Neuenburg: Bundesamt für Statistik (= BFS).

– (2009): Weltsprache Statistik, Neuenburg: Bundesamt für Statistik (= BFS).

– (2015): Internationale Standardklassifikation für Bildung (ISCED 2011), Neuenburg: Bundesamt für Statistik (= BFS).

– (2018): Statistisches Jahrbuch der Schweiz, Zürich: NZZ Libro (= BFS).

– (2020): Statistisches Mehrjahresprogramm des Bundes 2020–2023, Neuenburg: Bundesamt für Statistik (= BFS).

– (2021): Statistisches Jahrbuch der Schweiz, Zürich: NZZ Libro (= BFS).

Desrosières, Alain (2005): Die Politik der grossen Zahlen. Eine Geschichte der statistischen Denkweise, Berlin und Heidelberg: Springer Verlag.

Dörpinghaus, Andreas, Andreas Poenitsch und Lothar Wigger (⁵2013): Einführung in die Theorie der Bildung, Darmstadt: Wissenschaftliche Buchgesellschaft.

Ebnöther, Christoph (2017): Leitfaden durch das politische System der Schweiz, Zürich: Orell Füssli.

Eckert, Thomas (⁴2018): «Bildungsstatistik», in: Tippelt, Rudolf und Bernhard Schmidt-Hertha (Hrsg.): Handbuch Bildungsforschung, Wiesbaden: Springer Fachmedien, S. 715–738.

Esser, Hartmut (1994): «Von der subjektiven Vernunft der Menschen und von den Problemen der kritischen Theorie damit: Auch ein Kommentar zu Millers ‹kritischen Anmerkungen zur Rational Choice Theorie›», Soziale Welt, 45 (1), S. 16–32.

Fatke, Reinhard und Jürgen Oelkers (2014): «Das Selbstverständnis der Erziehungswissenschaft: Geschichte und Gegenwart. Einleitung zum Beiheft», in: dies. (Hrsg.): Das

Selbstverständnis der Erziehungswissenschaft: Geschichte und Gegenwart, Weinheim und Basel: Beltz, S. 7–13 (= Zeitschrift für Pädagogik, Beiheft No 60).

Fischer, Wolfgang (1982): «Über Recht und Grenzen des Gebrauchs von ‹Bildung›», Zeitschrift für Pädagogik, 28, S. 1–9.

Foucault, Michel (1974): Die Ordnung der Dinge. Eine Archäologie der Humanwissenschaften [1966], Frankfurt am Main: Suhrkamp.

Friedrich, Udo (2004): «Ältere deutsche Literatur», in: Benthien, Claudia und Hans Rudolf Velten (Hrsg.): Germanistik als Kulturwissenschaft. Eine Einführung in neue Theoriekonzepte, Reinbek bei Hamburg: Rowohlt, S. 83–102.

Fuhrmann, Daniela und Pia Selmayr (2021): «Ordnen, Wissen, Verstehen. Theoretische Vorüberlegungen», in: dies. (Hrsg.): Erzählte Ordnungen – Ordnungen des Erzählens. Studien zu Texten vom Mittelalter bis zur Frühen Neuzeit, Berlin und Boston: Walter de Gruyter, S. 1–33.

Fulda, Daniel (2004): «Sinn und Erzählung – Narrative Kohärenzansprüche der Kulturen», in: Jaeger, Friedrich und Burkhard Liebsch (Hrsg.): Handbuch der Kulturwissenschaften. Grundlagen und Schlüsselbegriffe, Bd. 1, Stuttgart und Weimar: Verlag J. B. Metzler, S. 251–265.

Gonon, Philipp (2012): «Pädagogische Veridiktion», in: Aubry, Carla et al. (Hrsg.): Positionierungen. Zum Verhältnis von Wissenschaft, Pädagogik und Politik, Weinheim und Basel: Beltz Juventa, S. 290–307.

Heid, Helmut (1988): «Zur Paradoxie der bildungspolitischen Forderung nach Chancengleichheit», Zeitschrift für Pädagogik, 34 (1), S. 1–17.

– (2013): «Logik, Struktur und Prozess der Qualitätsbeurteilung von Schule und Unterricht», Zeitschrift für Erziehungswissenschaft, 16, S. 405–431.

– (2016): «Über Streitfragen der Generierung und Anwendung bildungswissenschaftlichen Wissens», in: Meseth, Wolfgang et al. (Hrsg.): Empirie des Pädagogischen und Empirie der Erziehungswissenschaft. Beobachtungen erziehungswissenschaftlicher Forschung, Bad Heilbrunn: Verlag Julius Klinkhardt, S. 71–84.

Heintz, Bettina (2021): «Kategorisieren, Vergleichen, Bewerten und Quantifizieren im Spiegel sozialer Beobachtungsformate», Kölner Zeitschrift für Soziologie und Sozialpsychologie, 73, S. 5–47.

Herzog, Walter (2013): Bildungsstandards. Eine kritische Einführung, Stuttgart: W. Kohlhammer.

– (2017): «Zu Diensten der Politik», in: Binder, Ulrich und Jürgen Oelkers (Hrsg.): Der neue Strukturwandel von Öffentlichkeit. Reflexionen in pädagogischer Perspektive, Weinheim und Basel: Beltz, S. 203–218.

Hoyningen-Huene, Paul (2017): «Erkenntnisfortschritt aus der Perspektive der Wissenschaftsphilosophie», in: Rucker, Thomas (Hrsg.): Erkenntnisfortschritt (in) der Erziehungswissenschaft. Lernt die Disziplin?, Bad Heilbrunn: Julius Klinkhardt, S. 17–33.

Jann, Ben (^{2}2005): Einführung in die Statistik, München und Wien: R. Oldenbourg.

Jost, Hans Ulrich (2016): Von Zahlen, Politik und Macht. Geschichte der schweizerischen Statistik, Zürich: Chronos Verlag.

Klausing, Andreas und Vera Husfeldt (2015): «Verknüpfung von Daten aus Bildungsstatistik und Leistungsmessungen auf Individualebene in der Schweiz», Die Deutsche Schule,107 (4), S. 352–364.

Köhler, Benedikt (2008): «Amtliche Statistik, Sichtbarkeit und die Herstellung von Verfügbarkeit», Berliner Journal für Soziologie, 18 (1), S. 73–98.

Kojima, Tomoko (2015): Die Öffentlichkeiten der Erziehung. Eine historisch vergleichende Untersuchung, Wiesbaden: Springer Fachmedien.

Konersmann, Ralf (2021): Welt ohne Maß, Frankfurt am Main: S. Fischer.

Krämer, Sybille (2014): «Schriftbildlichkeit», in: Günzel, Stephan und Dieter Mersch (Hrsg.): Bild. Ein interdisziplinäres Handbuch, Stuttgart und Weimar: Verlag J. B. Metzler, S. 354–360.

Kraft, Volker (2013): «Erziehung als Begriff der Erziehungswissenschaft», in: Andresen, Sabine, Christine Hunner-Kreisel und Stefan Fries (Hrsg.): Erziehung. Ein interdisziplinäres Handbuch, Stuttgart und Weimar: Verlag J. B. Metzler, S. 186–188.

– (2021): Erziehung, Beratung, Psychotherapie. Eine Einladung zu Unterscheidungen, Stuttgart: W. Kohlhammer.

Krüger, Heinz-Hermann, Thomas Rauschenbach und Uwe Sander (Hrsg.) (2007): Bildungs- und Sozialberichterstattung, Wiesbaden: VS Verlag für Sozialwissenschaften. (= Zeitschrift für Erziehungswissenschaft, Beiheft No 6).

Künzler, Matthias (2013): Mediensystem Schweiz, Konstanz und München: UVK Verlagsgesellschaft.

Leibniz, Gottfried W. (2016): «Entwurff gewisser Staats-Tafeln» [1680], in: Schneider, Birgit, Christoph Ernst und Jan Wöpking (Hrsg.): Diagrammatik-Reader. Grundlegende Texte aus Theorie und Geschichte, Berlin und Boston: Walter De Gruyter, S. 195–198.

Luhmann, Niklas (1998): Die Gesellschaft der Gesellschaft, Bd. 2, Frankfurt am Main: Suhrkamp.

– (2002): Die Politik der Gesellschaft, Frankfurt am Main: Suhrkamp.

– (⁴2009): Die Realität der Massenmedien [1995], Wiesbaden: VS Verlag für Sozialwissenschaften.

Luhmann, Niklas und Karl Eberhard Schorr (1988): Reflexionsprobleme im Erziehungssystem [1979], Frankfurt am Main: Suhrkamp.

Maaser, Michael und Gerrit Walther (Hrsg.) (2011): Bildung. Ziele und Formen, Traditionen und Systeme, Medien und Akteure, Stuttgart und Weimar: Verlag J. B. Metzler.

Maaz, Kai und Stefan Kühne (⁴2018): «Indikatorengestützte Bildungsberichterstattung», in: Tippelt, Rudolf und Bernhard Schmidt-Hertha (Hrsg.): Handbuch Bildungsforschung, Wiesbaden: Springer Fachmedien, S. 375–396.

Manz, Karin, Amanda Nägeli und Lucien Criblez (2015): Die Entwicklung der Bildungsstatistik im Kanton Aargau, Zürich: Institut für Erziehungswissenschaft, Universität Zürich.

Maissen, Thomas (2005): Die Geschichte der NZZ 1780–2005, Zürich: Neue Zürcher Zeitung.

Maritzen, Norbert und Jenny Tränkmann (2015): «Normative Grundlagen des Bildungsmonitorings», Die Deutsche Schule, 107 (3), S. 232–247.

Meder, Norbert (2004): «Wissenschaftstheoretische Überlegungen zur Evaluationsforschung», Vierteljahrsschrift für wissenschaftliche Pädagogik, 80 (1), S. 398–415.

Menze, Clemens (1970): «Bildung», in: Rombach, Heinrich (Hrsg.): Lexikon der Pädagogik. Erster Band, Freiburg/Basel/Wien: Herder, S. 134–184.

Meyer, Joseph (1845): «Bericht», in: ders. (Hrsg.): Das grosse Conversations-Lexicon für die gebildeten Stände, Bd. 4, Hildburgshausen u. a.: Bibliografisches Institut, S. 555.

OECD (1992): Education at a Glance. OECD Indicators, Paris: Organisation for Economic Cooperation and Development.

Osterhammel, Jürgen ([5]2010): Die Verwandlung der Welt. Eine Geschichte des 19. Jahrhunderts, München: C. H. Beck.

Pankau, Johannes G. (1992): «Bericht», in: Ueding, Gert (Hrsg.): Historisches Wörterbuch der Rhetorik, Bd. 1, Tübingen: Max Niemeyer Verlag, Sp. 1485–1491.

Pfeifer, Wolfgang et al. (1993): «berichten», in: dies. (Hrsg.): Etymologisches Wörterbuch des Deutschen, digitalisierte und von Wolfgang Pfeifer überarbeitete Version im Digitalen Wörterbuch der deutschen Sprache, ‹https://www.dwds.de/wb/berichten›, abgerufen am 16. Juni 2022.

Präambel NZZ (2022): Präambel der publizistischen Leitlinien, ‹https://assets01.sdd1.ch/assets/lbwp-cdn/nzz-mediengruppe-v2/files/1643649638/praeambel-der-publizistischen-leitlinien.pdf›, abgerufen am 16. Juni 2022.

Raabe, Johannes ([2]2013): «Presse», in: Bentele, Günter, Hans-Bernd Brosius und Otfried Jarren (Hrsg.): Lexikon Kommunikations- und Medienwissenschaft, Wiesbaden: Springer Fachmedien, S. 270–272.

Reichenbach, Roland (2017): «Theoriefreie Bildungsforschung», in: Rucker, Thomas (Hrsg.): Erkenntnisfortschritt (in) der Erziehungswissenschaft. Lernt die Disziplin?, Bad Heilbrunn: Verlag Julius Klinkhardt, S. 127–138.

– (2018): «Tabuisierung und Desinteresse», Zeitschrift für Pädagogik, 64 (1), S. 99–106.

– (2020): Bildungsferne – Essays und Gespräche zur Kritik der Pädagogik. Herausgegeben von Rolf Bossart, Zürich: Diaphanes.

Ringel, Leopold und Tobias Werron (2021): «Serielle Vergleiche: Zum Unterschied, den Wiederholung macht», Kölner Zeitschrift für Soziologie und Sozialpsychologie, 73, S. 301–331.

Rorty, Richard (1992): Kontingenz, Ironie und Solidarität, Frankfurt am Main: Suhrkamp.

Rucker, Thomas (2014): Komplexität der Bildung. Beobachtungen zur Grundstruktur bildungstheoretischen Denkens in der (Spät-)Moderne, Bad Heilbrunn: Verlag Julius Klinkhardt.

Rürup, Matthias (2018): «Berichtet Bildungsberichterstattung über Bildung? Eine Auseinandersetzung mit KritikerInnen», in: Bormann, Inka, Sigrid Hartong und Thomas Höhne (Hrsg.): Bildung unter Beobachtung. Kritische Perspektiven auf Bildungsberichterstattung, Weinheim und Basel: Beltz Juventa, S. 16–42.

Ruoss, Thomas (2018): Zahlen, Zählen, Erzählen in der Bildungspolitik. Lokale Statistik, politische Praxis und die Entwicklung städtischer Schulen zwischen 1890 und 1930, Zürich: Chronos Verlag.

Sandkühler, Hans Jörg und Pirmin Stekeler-Weithofer (2010): «Tatsache/Sachverhalt», in: Sandkühler, Hans Jörg (Hrsg.): Enzyklopädie Philosophie. In drei Bänden. Hamburg: Felix Meiner, Sp. 2683–2692.

Schepers, Heinrich (1974): «Heuristik, heuristisch», in: Ritter, Joachim und Karlfried Gründer (Hrsg.): Historisches Wörterbuch der Philosophie, Bd. 3, Basel: Schwabe, Sp. 1115–1120.

Schneider, Birgit (2016): «Strukturen und Ordnungssysteme. Einleitung», in: Schneider, Birgit, Christoph Ernst und Jan Wöpking (Hrsg.): Diagrammatik-Reader. Grundlegende Texte aus Theorie und Geschichte, Berlin und Boston: Walter De Gruyter, S. 145–150.

Schönhagen, Philomen und Mike Meißner (2021): Kommunikations- und Mediengeschichte. Von Versammlungen bis zu den digitalen Medien, Köln: Herbert von Halem Verlag.

SKBF (2006): Bildungsbericht Schweiz 2006, Aarau: Schweizerische Koordinationsstelle für Bildungsforschung.

– (2010): Bildungsbericht Schweiz 2010, Aarau: Schweizerische Koordinationsstelle für Bildungsforschung.

– (2014): Bildungsbericht Schweiz 2014, Aarau: Schweizerische Koordinationsstelle für Bildungsforschung.

– (2018): Bildungsbericht Schweiz 2018, Aarau: Schweizerische Koordinationsstelle für Bildungsforschung.

Statistisches Bureau des eidg. Departements des Innern (1891): Statistisches Jahrbuch der Schweiz, Zürich: Orell Füssli.

Steinmetz, Willibald (2021): «Macht – Leistung – Kultur: Staatenvergleiche vom 17. bis ins frühe 20. Jahrhundert», Kölner Zeitschrift für Soziologie und Sozialpsychologie, 73, S. 75–112.

Stierle, Karlheinz (1984): «Narrativ, Narrativität», in: Ritter, Joachim und Karlfried Gründer (Hrsg.): Historisches Wörterbuch der Philosophie, Bd. 6, Darmstadt: Wissenschaftliche Buchgesellschaft, Sp. 398–401.

Tenorth, Heinz-Elmar (2016): «Wissen, Pädagogisches Wissen, Erziehungswissenschaft, Wissenserzeugungsforschung. Ein kleines Nachwort», Zeitschrift für Pädagogik, 62 (4), S. 502–512.

– (2020): Die Rede von Bildung. Tradition, Praxis, Geltung – Beobachtungen aus der Distanz, Berlin: Verlag J. B. Metzler.

Terhart, Ewald (2021): «Tausendsechshundert Seiten ‹Bildung›. Eine Sammelbesprechung», Zeitschrift für Erziehungswissenschaft, 24, S. 213–221.

Tetens, Holm (2019): «Die Wahrheit ist nicht relativ, aber die Welt ist aspektisch», in: von Sass, Hartmut (Hrsg.): Perspektivismus. Neue Beiträge aus der Erkenntnistheorie, Hermeneutik und Ethik, Hamburg: Felix Meiner, S. 77–91.

Tippelt, Rudolf und Bernhard Schmidt-Hertha (⁴2018): «Einleitung der Herausgeber», in: dies. (Hrsg.): Handbuch Bildungsforschung, Wiesbaden: Springer Fachmedien, S. 1–15.

Trabant, Jürgen (1998): Artikulationen. Historische Anthropologie der Sprache, Frankfurt am Main: Suhrkamp.

UNESCO Institute for Statistics (2012): International Standard Classification of Education ISCED 2011, Montreal: UNESCO Publications (= UIS).

Von Sass, Hartmut (2011): «Vergleiche(n). Ein hermeneutischer Rund- und Sinkflug», in: Mauz, Andreas und Hartmut von Sass (Hrsg.): Hermeneutik des Vergleichs. Strukturen, Anwendungen und Grenzen komparativer Verfahren, Würzburg: Königshausen und Neumann, S. 25–47.

– (2019): «Perspektiven auf die Perspektive», in: ders. (Hrsg.): Perspektivismus. Neue Beiträge aus der Erkenntnistheorie, Hermeneutik und Ethik, Hamburg: Felix Meiner, S. 9–33.

Waldenfels, Bernhard (²2013): Ordnung im Zwielicht, München: Wilhelm Fink.

Winkler, Michael (2006): Kritik der Pädagogik. Der Sinn der Erziehung, Stuttgart: W. Kohlhammer.

Žižek, Slavoj (³2017): Die Tücke des Subjekts [1999], Frankfurt am Main: Suhrkamp.

Zymek, Bernd (2009): «Die deutsche Variante einer Ökonomisierung der Bildung: Markt und Moral. Ein Kommentar zu den Bildungsgutachten im Auftrag der Vereinigung der Bayerischen Wirtschaft», in: Bernhard, Armin, Martin Dust, Sven Kluge, Ingrid Lohmann, Andreas Merkens, Johanna Mierendorff, Gerd Steffens und Edgar Weiß (Hrsg.): Entdemokratisierung und Gegenaufklärung, Frankfurt am Main u. a.: Peter Lang, S. 105–124.

– (2012): «Allheilmittel: Bildung!?», Zeitschrift für Jugendschutz und Erziehung, 2, S. 2–5.

Das Signet des Schwabe Verlags
ist die Druckermarke der 1488 in
Basel gegründeten Offizin Petri,
des Ursprungs des heutigen Verlagshauses. Das Signet verweist auf
die Anfänge des Buchdrucks und
stammt aus dem Umkreis von
Hans Holbein. Es illustriert die
Bibelstelle Jeremia 23,29:
«Ist mein Wort nicht wie Feuer,
spricht der Herr, und wie ein
Hammer, der Felsen zerschmeisst?»